Quaderno di allenamento
per il PRIMO BIENNIO

Verso la prova INVALSI di italiano

EDIZIONE DIGITALE

Prove COMPUTER BASED
nel Libro liquido

paravia

I testi sono a cura di **Alfonso Napoli**.
Le icone del testo *La verità sulle auto «che si guidano da sole»* (Prova 3) sono state realizzate da **Daniele Gianni**.

Camilla Saraceno
Progettazione editoriale

Elena Marengo
Progettazione grafica

Lorinda Gospodnetich
Coordinamento editoriale

Alfonso Napoli
Redazione

Elena Gobbi
Impaginazione

Renata Cortese
Copertina

Massimiliano Martino
Controllo qualità

In copertina:
Anna Kondrateva/123RF.com (sfondo)
Sergey Nivens/123RF.com
Tom Wang/Shutterstock

www.pearson.it

9788839532480A
SG039501467V

LIBRI DI TESTO E SUPPORTI DIDATTICI
Il sistema di gestione per la qualità della Casa Editrice è certificato in conformità alla norma **UNI EN ISO 9001:2008** per l'attività di **progettazione, realizzazione e commercializzazione di: • prodotti editoriali scolastici, dizionari lessicografici, prodotti per l'editoria di varia ed università • materiali didattici multimediali off-line • corsi di formazione e specializzazione in aula, a distanza, e-learning.**

Member of CISQ Federation
RINA
ISO 9001:2008
Sistema Qualità Certificato

Stampato per conto della casa editrice presso
Arti Grafiche Battaia, Zibido San Giacomo (MI), Italia

Ristampa	Anno
3 4 5	19 20 21 22 23

Indice

Prove modello INVALSI

Prova 1

Prova 2

Prova 3

Prova 4

Prova 5

Prova assegnata da INVALSI

online, nel sito
www.pearson.it,
sono disponibili esercitazioni aggiuntive per la prova INVALSI

Prepararsi alla prova INVALSI di italiano

Questo *Quaderno* propone una serie di esercitazioni per prepararsi alla prova nazionale di italiano, predisposta dall'INVALSI (Istituto nazionale per la valutazione del sistema educativo di istruzione e di formazione) per accertare il livello di competenza degli studenti alla fine del primo biennio della scuola secondaria di secondo grado.

La prova elaborata dall'INVALSI è articolata in tre parti: la prima e la terza verificano, con modalità diverse, la **competenza di lettura**, intesa come capacità dell'allievo di comprendere, interpretare e valutare testi scritti di vario tipo; la seconda verifica le **conoscenze** e le **competenze grammaticali**.

Nella **prima parte** sono proposti testi di vario tipo (letterari e non letterari, continui, non continui o misti, corredati cioè di immagini, grafici o tabelle) seguiti da quesiti. I quesiti intendono verificare la capacità di cogliere l'intenzione comunicativa del testo, di comprenderne il senso complessivo e quello di singole parti, di individuare i connettivi, il significato dei vocaboli e il registro linguistico. È prevista inoltre la ricostruzione di un breve testo a partire da una sequenza di frasi date in ordine sparso.

Nella **seconda parte** si valutano conoscenze e competenze grammaticali, con domande che riguardano l'ortografia, la morfologia, la formazione delle parole, il lessico, la sintassi e l'organizzazione testuale.

Nella **terza parte** è proposto un testo da cui sono state eliminate alcune parole: il compito dello studente è di reinserirle (*cloze*), ricostruendo dal contesto quali siano i termini appropriati per riempire le lacune.

Come nella prova nazionale, ciascuna prova del *Quaderno* è costituita da queste tre parti. Per consentire agli studenti e all'insegnante di calcolare il risultato di ciascuna prova, tutti i quesiti sono dotati di punteggi. Sono presenti inoltre tabelle di conversione dei punteggi di ciascuna prova in decimi.

Alla fine del volume viene fornita anche la prova INVALSI di italiano assegnata nel maggio 2017.

Dall'anno scolastico 2017/18 la prova nazionale è in modalità *computer based*, cioè gli esercizi vengono svolti a computer.
Verso la prova INVALSI di italiano. Edizione digitale propone il Libro liquido, la versione online del libro cartaceo con cui è possibile svolgere le prove su computer, tablet o smartphone. Nel Libro liquido gli esercizi sono interattivi e autocorrettivi.

Si può accedere al Libro liquido attivando il codice studente presente in copertina su **pearson.it/place**.

PROVA 1

Parte prima - Testo A

Imparate a cucinare

Con notevole stupore, e altrettanto piacere, noto che molti giovani italiani sognano di diventare giornalisti. I master di giornalismo – oggi la strada maestra verso il mestiere – sono pieni di ragazze e ragazzi determinati e preparati (più di noi trent'anni fa), che si dimostrano lungimiranti. Non guardano infatti al momento difficile dell'industria, ma alle opportunità e ai nuovi strumenti del mestiere, cui internet ha regalato una terza giovinezza (la prima arrivò col giornale a stampa, la seconda con la televisione). I futuri colleghi, spesso, chiedono suggerimenti. Eccoli.

I Impegnatevi a fondo. Non perdetevi in chiacchiere e non mostrate indecisione. Se un giorno volete diventare giornalisti dovete esserne certi.

II Imparate l'inglese! Non lo ripeterò mai abbastanza. Nell'industria in cui state per entrare buona parte della forza-lavoro parla inglese.

III Non rubate. Anzi, non fate nulla che vi farebbe fare brutta figura alla macchina della verità.

IV Siate sempre puntuali.

V Non accampate scuse, non incolpate gli altri.

VI Non datevi mai malati. A meno che non vi amputino un arto, abbiate un'emorragia o ferite al petto invalidanti.

VII Pigrizia, sciatteria e lentezza sono cattive qualità. Intraprendenza, ingegnosità e iperattività sono buone qualità.

VIII Siate preparati ad assistere a ingiustizie e follie umane di ogni sorta. Senza che vi mandino in tilt o vi avvelenino l'umore. Dovrete semplicemente sopportare le contraddizioni e le iniquità di questa vita.

IX Aspettatevi sempre il peggio. Da tutti. Ciononostante, non permettete che questa prospettiva negativa influenzi il vostro rendimento. Buttatevi tutto alle spalle. Ridete di ciò che vedete e sospettate.

X Cercate di non mentire.

XI Evitate i giornali e i programmi che portano il nome del proprietario scritto sopra la testata. Quelli che mandano cattivo odore. E quelli dal nome buffo o patetico; stonerà sul vostro curriculum.

XII Pensate al curriculum! Che effetto farà su chi sta vagliando una pila di e-mail il fatto che non abbiate mai lavorato nello stesso posto per più di sei mesi?

XIII Leggete! Leggete giornali, libri sul giornalismo e riviste. Sono utili per tenersi aggiornati sulle tendenze dell'industria e per trovare nuove idee.

XIV Prendete le cose con umorismo. Ne avrete bisogno.

P.S. *Questi consigli vengono da* Kitchen Confidential, *il bestseller del cuoco e critico gastronomico Anthony Bourdain. Ho sostituito «chef» con giornalista, «cucina» con giornalismo, «ristoranti» con giornali e «lingua spagnola» con lingua inglese. Le ricette del successo professionale sono le stesse dovunque, pare.*

(B. Severgnini, *Italiani di domani*, Rizzoli, Milano 2012)

A1 Il titolo del testo

☐ A. fa riferimento a quanto detto dall'autore nelle prime righe
☒ B. risulta comprensibile solo dopo aver completato la lettura del brano
☐ C. non ha alcun legame con l'idea centrale del brano
☐ D. fa riferimento a un'esperienza personale dell'autore

Punti 1

A2 Nel testo che cosa significa l'espressione «la strada maestra verso il mestiere» (riga 2)?

☐ A. Il modo più difficile per diventare giornalisti
☐ B. Il modo più costoso per diventare giornalisti
☒ C. Il modo più comune per diventare giornalisti
☐ D. Il modo più faticoso per diventare giornalisti

Punti 1

A3 Per quale ragione gli studenti dei master di giornalismo vengono definiti dall'autore «lungimiranti» (riga 4)?

☒ A. Perché hanno deciso di sfruttare un momento favorevole per il giornalismo
☐ B. Perché confidano che il giornalismo possa riprendersi dopo una situazione difficile
☐ C. Perché sanno di poter essere migliori dei giornalisti che li hanno preceduti
☐ D. Perché sono giovani e hanno ancora tempo per cambiare mestiere

Punti 1

A4 Nella frase «cui internet ha regalato una terza giovinezza» (righe 5-6) a cosa si riferisce il pronome relativo *cui*?

☐ A. Al sostantivo «mestiere»
☐ B. All'espressione «momento difficile dell'industria»
☐ C. Al sostantivo «opportunità»
☒ D. All'espressione «nuovi strumenti del mestiere»

Punti 1

A5 **a. L'autore del testo è**

☐ A. uno studente di un master di cucina
☐ B. uno studente di un master di giornalismo
☒ C. un cuoco e critico gastronomico
☐ D. un giornalista

Punti 1

b. Trascrivi la frase che ti ha permesso di rispondere alla domanda precedente.

"Questi consigli vengono da Kitchen Confidential, il bestseller del cuoco e critico gastronomico Anthony Bourdain" righe 35-36

Punti 1

A6 **Indica se le seguenti affermazioni sono vere o false rispetto a quanto si legge nel testo.**

Metti una crocetta per ogni riga

	Vero	Falso
a. Non è sufficiente conoscere soltanto la propria lingua	X	
b. Essere operosi è una qualità che spesso non viene apprezzata		X
c. Bisogna fidarsi degli altri ed essere positivi nei loro confronti		X
d. Cambiare troppo spesso luogo di lavoro potrebbe essere valutato in modo negativo	X	

Punti 1 (0,25 per ogni risposta corretta)

A7 **Quale tra i verbi che seguono può essere usato nel testo come sinonimo di «vagliare» (riga 30)?**

☐ A. Cancellare
☐ B. Vigilare
☒ C. Esaminare
☐ D. Inviare

Punti 1

A8 **Nel brano i termini «chef», «cucina», «ristoranti» e «lingua spagnola» (righe 36-37) sono tra virgolette perché**

☐ A. sono usati in senso ironico e allusivo
☐ B. sono prestiti da un'altra lingua
☒ C. sono citati direttamente dal libro di Bourdain
☐ D. sono i più importanti e dunque devono essere subito riconoscibili

Punti 1

A9 Che cosa vuole dire l'autore con la frase «Le ricette del successo professionale sono le stesse dovunque, pare» (righe 37-38)?

- ☐ A. Il giornalismo ha molto da imparare dalle scuole di cucina
- ☒ B. I consigli per trovare un buon lavoro sono simili, indipendentemente dall'ambito lavorativo
- ☐ C. Bisogna diffidare dai manuali che distribuiscono consigli per il successo professionale
- ☐ D. C'è urgente bisogno di un manuale che dia consigli agli aspiranti giornalisti

Punti 1

Totale punti: ..../10

Parte prima - Testo B

Gite ai musei

Lo scrittore Andrea Bajani, dieci anni dopo il suo esame di maturità, ha deciso di accompagnare in viaggio tre scolaresche liceali. Ne è nato un libro-reportage che racconta le situazioni tipiche vissute da studenti e professori durante le gite scolastiche.

Io credo che di fronte ai musei, i professori nel complesso si sentano un po' in colpa. Li vedi, che ce la mettono tutta per non gravare troppo sui ragazzi, per non mortificarli, non annoiarli. Secondo me sono realmente combattuti tra il pensiero che se non si visita un museo la gita non si può chiamare viaggio di istruzione, e il pensiero contrario che i poveri ragazzi in fondo hanno anche bisogno di svagarsi. Così quando si aggirano per i musei, i professori hanno sempre un'espressione ambigua. Se li guardi da una parte, ti sembra stiano pensando «Che ignoranti questi ragazzi». Se li guardi dall'altra, sembrano invece rimuginare tra sé e sé un «Poverini, saranno molto stanchi». A guardarli di fronte hanno una faccia indefinita, che potrebbe dire all'incirca «Poveri ignoranti, saranno molto stanchi».

Così, per non sapere bene come comportarsi, alla fine i professori prenotano musei a man bassa e poi però lasciano i ragazzi liberi di pascolarci dentro come vogliono. Li caricano sul pullman, li rovesciano dentro il museo, e gli dànno appuntamento per due ore dopo. Non vogliono che si sentano il fiato sul collo, che si sentano nell'ora di storia dell'arte. Nel corso di queste tre gite, ho fatto molti pezzi di strada insieme ai professori, dentro i musei. Si vedeva che li lasciavano fare, i ragazzi, e che quel lasciarli fare era imparentato anche con una forma di fiducia. Per metà fiducia e per l'altra metà la volontà di graziarli. Ho visto la professoressa di arte trattenersi, mordersi il barocco in bocca pur di non far la parte della prof. Il risultato è che i ragazzi sembrano teletrasportati su Saturno. Vagano in lungo e in largo in luoghi di cui non sanno niente, dopo mezz'ora li incroci a passeggiare come fossero al centro commerciale, e dopo un'ora son tutti seduti.

A Praga visitiamo i cinque piani del Museo di arte moderna e contemporanea con i fiorentini. Dopo i primi goffi tentativi negoziali[1] («Possiamo vedere tre piani su cinque che è più della metà?», «E se guardassimo solo l'Ottocento, che l'abbiamo fatto quest'anno?») finiamo al piano dell'arte contemporanea. Mi chiedo davvero come sia possibile vedere pressoché digiuni un'infilata di opere d'arte contemporanea senza rischiare di non volerne vedere mai più. E infatti i «Questo lo sapevo fare pure io» fioccano come proiettili in guerra. Certo, ci sono anche quelli che prendono e si avventurano in ogni angolo di propria iniziativa, che di fronte a qualche quadro si illuminano, che anche senza avere una guida a portata di mano si appassionano. Così come ci sono quelli che quando la professoressa di arte non riesce a trattenersi, le si raccolgono intorno, e annuiscono con comprensione. Ma diciamo che gli altri, quelli che si perdono, che finiscono sfiancati sopra le panchine, sono di gran lunga i più numerosi.

(A. Bajani, *Domani niente scuola*, Einaudi, Torino 2008)

1. negoziali: finalizzati a trovare un accordo.

B1 **Perché, secondo l'autore, i professori si sentono «un po' in colpa» di fronte ai musei (riga 1)?**

☐ A. Perché sono contrari a visitare i musei

☐ B. Perché vorrebbero visitare una maggiore quantità di musei

☒ C. Perché temono di annoiare i ragazzi

☐ D. Perché sanno che i ragazzi vorrebbero avere una guida nei musei

Punti 1

B2 **Nel periodo «Li vedi, che ce la mettono tutta <u>per non gravare troppo sui ragazzi, per non mortificarli, non annoiarli</u>» (righe 2-3), le frasi sottolineate introdotte da «per» indicano**

☒ A. lo scopo

☐ B. la causa

☐ C. il tempo

☐ D. il mezzo

Punti 1

B3 **In base al testo, quali tra i pensieri – detti e non detti – indicati nella prima colonna possono essere attribuiti ai professori durante le visite ai musei, e quali no?**

Metti una crocetta per ogni riga

Pensieri dei professori durante le visite ai musei	Sì	No
a. I ragazzi non hanno interessi culturali	X	
b. I ragazzi hanno diritto a riposarsi	X	
c. Meglio lasciare che i ragazzi si muovano liberamente nei musei	X	
d. Il museo è un'occasione per studiare storia dell'arte		X
e. Nei musei bisogna controllare i ragazzi perché possono comportarsi male		X
f. È meglio che nei musei la visita sia guidata		X

Punti 1,5 (0,25 per ogni risposta corretta)

B4 **Alle gite scolastiche qui descritte ha partecipato anche l'autore. Da quali espressioni del testo è possibile ricavare questa informazione? Scrivine almeno due.**

righe 15-19, righe 22-23

Punti 1 (0,5 per ogni frase corretta)

B5 **Nella frase «per non sapere bene come comportarsi», che cosa significa l'espressione «per non sapere» (riga 11)?**

- ☐ A. Invece non sanno
- ☐ B. Affinché non sappiano
- ☒ C. Poiché non sanno
- ☐ D. Tuttavia non sanno

Punti 1

B6 **Che cosa significa l'espressione «prenotano musei a man bassa» (righe 11-12)?**

- ☐ A. Prenotano i musei più adeguati per gli studenti
- ☐ B. Prenotano i musei di minore importanza
- ☒ C. Prenotano pochi musei
- ☐ D. Prenotano una grande quantità di visite ai musei

Punti 1

B7 **Nella frase «e poi però lasciano i ragazzi liberi di pascolarci dentro come vogliono» (riga 12), quale giudizio è implicito nella scelta della parola «pascolarci»?**

- ☐ A. I ragazzi vagano nei musei come animali
- ☐ B. I ragazzi fanno merenda nei musei
- ☒ C. I ragazzi si muovono tutti insieme
- ☐ D. I ragazzi si muovono con ordine

Punti 1

B8 **Nella frase «Non vogliono che si sentano il fiato sul collo, che si sentano nell'ora di storia dell'arte» (righe 14-15), con quale tra le espressioni seguenti può essere sostituita l'espressione «che si sentano il fiato sul collo» (mantenendo lo stesso significato)?**

- ☐ A. Che si sentano troppo liberi
- ☐ B. Che si sentano troppo controllati
- ☐ C. Che si sentano disprezzati
- ☐ D. Che si sentano a scuola

Punti 1

B9 **In base al testo, chi compie l'azione nella frase «Si vedeva che li lasciavano fare, i ragazzi» (riga 16)?**

- ☐ A. I ragazzi
- ☐ B. I sorveglianti del museo
- ☐ C. I professori
- ☐ D. Le guide del museo

Punti 1

B10 **In base al testo, qual è la conseguenza della rinuncia dei professori a guidare i ragazzi nei musei, lasciando che si muovano da soli?**

....

....

Punti 1

B11 **Nella frase «Ho visto la professoressa di arte trattenersi, mordersi il barocco in bocca» (riga 18), che cosa significa l'espressione «mordersi il barocco in bocca»?**

- ☐ A. Fermarsi a spiegare il Barocco
- ☐ B. Spiegare il Barocco a voce bassa
- ☐ C. Spiegare il Barocco in fretta e furia
- ☐ D. Rinunciare a spiegare il Barocco

Punti 1

B12 **Per rappresentare la sensazione di spaesamento che i ragazzi mostrano nei musei, l'autore ricorre a una similitudine ironica. Rintracciala nel testo e scrivila.**

....

Punti 1

B13 **Quali tra i comportamenti seguenti, secondo l'autore, sono propri della maggioranza dei ragazzi che visitano un museo in gita scolastica?**

Metti una crocetta per ogni riga

Comportamenti propri della maggioranza dei ragazzi in visita a un museo	Sì	No
a. Ascoltano con attenzione le spiegazioni dei professori		
b. Vagano senza meta e senza interesse		
c. Si abbandonano sulle panchine		
d. Cercano di diminuire la durata della visita		
e. Mostrano meraviglia di fronte a qualche quadro		
f. Si appassionano		
g. Si perdono		
h. Scappano verso un centro commerciale		
i. Prendono appunti		
l. Sbadigliano		

Punti 2,5 (0,25 per ogni risposta corretta)

B14 **L'autore manifesta un giudizio positivo o negativo riguardo alla decisione dei professori di non guidare gli studenti nella visita ai musei? Scrivi una frase del testo da cui hai potuto ricavare la risposta.**

....

....

....

....

Punti 1

B15 **Le frasi riportate tra parentesi alle righe 23-25 «("Possiamo vedere tre piani su cinque che è più della metà?";"E se guardassimo solo l'Ottocento, che l'abbiamo fatto quest'anno?")» indicano**

- ☐ A. le parole pronunciate dagli studenti nella forma del discorso diretto
- ☐ B. le parole pronunciate dagli studenti nella forma del discorso indiretto
- ☐ C. i pensieri formulati dagli studenti e rielaborati dal narratore
- ☐ D. i pensieri formulati dagli studenti e riportati dai professori

Punti 1

B16 **Nelle frasi alle righe 23-25 «("Possiamo vedere tre piani su cinque <u>che è più della metà</u>?";"E se guardassimo solo l'Ottocento, <u>che l'abbiamo fatto quest'anno</u>?")», quale scopo comunicativo hanno le espressioni sottolineate?**

- ☐ A. Incuriosire
- ☐ B. Divertire
- ☐ C. Informare
- ☐ D. Convincere

Punti 1

B17 **Nella frase «"Questo lo sapevo fare pure io"» (riga 27), a che cosa si riferisce «Questo»?**

- ☐ A. A una sala del museo
- ☐ B. A un'opera d'arte
- ☐ C. A una spiegazione
- ☐ D. All'organizzazione della visita

Punti 1

B18 **Se volessi riassumere in una sola frase questo testo, in modo che un tuo compagno ne capisca subito il senso complessivo, quale sceglieresti tra le seguenti?**

- ☐ A. In gita scolastica i professori fanno di tutto per interessare gli studenti nei musei
- ☐ B. In gita scolastica gli studenti detestano il comportamento dei professori nei musei
- ☐ C. In gita scolastica sia i professori sia gli studenti non si sentono a proprio agio nei musei
- ☐ D. In gita scolastica sia i professori sia gli studenti considerano istruttive le visite ai musei

Punti 1

Totale punti: ..../20

Parte prima - Testo C

[TO]Bike: un servizio nelle mani dei cittadini

[TO]Bike. Cos'è

[...] [TO]Bike è il nuovo servizio di bike sharing di Torino e di tutti coloro che frequentano la città per lavoro, svago o turismo. Abbonandosi al servizio è possibile prelevare la bicicletta in una delle 116 stazioni presenti in città e depositarla in una qualsiasi, purché con parcheggi liberi. Pensato per gli spostamenti brevi, il bike sharing oggi rappresenta la forma di spostamento urbano più conveniente, sia in termini di tempo sia in termini economici. [...]

[TO]Bike. Istruzioni per l'uso

1. Registrati sul sito e acquista l'abbonamento [TO]Bike.
2. Attiva online la tua tessera accedendo all'area riservata. Ora il servizio è nelle tue mani!
3. Raggiunta la stazione [TO]Bike più vicina preleva la tua bici: ogni stazione è composta da una serie di colonnine cicloposteggio. Passa la tua card su una colonnina con bici disponibile, attendi il terzo bip, sganciala sfilandola verso destra, salta in sella e pedala!
4. Una volta a destinazione, riconsegna la bici in una stazione [TO]Bike: sulla colonnina cicloposteggio libera riaggancia la bici sollevandola leggermente. Verifica sempre che la procedura sia perfettamente riuscita.
[...]

[TO]Bike abbonamenti

[TO]Bike ti mette a disposizione 5 formule di abbonamento per rispondere in modo ottimale alle tue esigenze di spostamento e utilizzo del servizio:
Abbonamento Annuale Costo: 25 € comprensivi di prima ricarica obbligatoria del valore di 5 € - Acquistabile online e presso lo spazio [TO]Bike
Abbonamento Settimanale Costo: 8 € comprensivi di prima ricarica obbligatoria del valore di 3 € - Acquistabile presso lo spazio [TO]Bike

Abbonamento Giornaliero Costo: 5 € comprensivi di prima ricarica obbligatoria del valore di 3 € - Acquistabile presso lo spazio [TO]Bike
Abbonamento 4FORYOU Costo: 8 € Validità giornaliera con disponibilità di 4 ore di utilizzo della bici - Acquistabile presso lo spazio [TO]Bike
Abbonamento 8FORYOU Costo: 13 € Validità 48 ore con disponibilità di 8 ore di utilizzo della bici - Acquistabile presso lo spazio [TO]Bike
[...]

[TO]Bike. Costi di utilizzo

[TO]Bike è sempre gratuito per tutte le corse di durata inferiore ai 30 minuti, anche più volte al giorno. Se l'utilizzo supera i 30 minuti consecutivi, sarà applicata la tariffazione relativa alla propria formula di abbonamento scalando l'importo dal credito presente sulla tessera.

<table>
<tr><td rowspan="2">Abbonamento annuale</td><td rowspan="2">€25</td><td colspan="2">PRIMA 1/2 ora</td><td colspan="2">SECONDA 1/2 ora</td><td colspan="2">TERZA 1/2 ora</td><td>QUARTA 1/2 e successive</td></tr>
<tr><td colspan="2">gratuito</td><td colspan="2">0,80 €</td><td colspan="2">+1,50 €</td><td>+2 €</td></tr>
<tr><td rowspan="2">Abb. settimanale</td><td rowspan="2">€8</td><td rowspan="2">Abb. giornaliero</td><td rowspan="2">€5</td><td>PRIMA 1/2 ora</td><td>SECONDA 1/2 ora</td><td>TERZA 1/2 ora</td><td colspan="2">QUARTA 1/2 e successive</td></tr>
<tr><td>gratuito</td><td>1 €</td><td>+2 €</td><td colspan="2">+3 €</td></tr>
<tr><td>Formula 4FORYOU</td><td>€8</td><td colspan="7">Abbonamento validità giornaliera con 4 ore di utilizzo incluse non soggette a tariffazione</td></tr>
<tr><td>Formula 8FORYOU</td><td>€13</td><td colspan="7">Abbonamento validità 48 ore con 8 ore di utilizzo incluse non soggette a tariffazione</td></tr>
</table>

(da www.tobike.it, settembre 2016)

C1 L'espressione «bike sharing» (riga 2) non è esplicitamente definita nel testo, ma si può desumere che si riferisca a

☐ A. un sistema per il montaggio delle biciclette
☐ B. un sistema per la compravendita delle biciclette
☐ C. un sistema di informazione sulle biciclette
☐ D. un sistema di noleggio delle biciclette

Punti 1

C2 Per accedere al servizio [TO]Bike bisogna

☐ A. inserire monete nelle colonnine di posteggio
☐ B. acquistare una tessera di abbonamento
☐ C. acquistare un biglietto presso le stazioni
☐ D. ritirare negli uffici comunali la tessera gratuita

Punti 1

C3 Quali scopi – detti e non detti – ha il testo?

Metti una crocetta per ogni riga

Il testo ha lo scopo di	Sì	No
a. promuovere l'uso di biciclette in città		
b. informare sulla procedura necessaria per usare le biciclette di [TO]Bike		
c. scoraggiare l'uso della bicicletta per meno di 30 minuti		
d. dare informazioni sull'ente che ha attivato il servizio [TO]Bike		

Punti 1 (0,25 per ogni risposta corretta)

C4 Alcune delle informazioni seguenti sono nominate soltanto nel testo, altre nel testo e nella figura, altre soltanto nella figura. Quali?

Metti una crocetta per ogni riga

Informazioni	Se ne parla solo nel testo	Se ne parla solo nella figura	Se ne parla nel testo e nella figura
a. L'abbonamento annuale costa 25 euro			
b. L'abbonamento annuale si può acquistare online e presso lo spazio [TO]Bike			
c. Nelle formule 4FORYOU e 8FORYOU le 4 o 8 ore di disponibilità della bicicletta non sono soggette a tariffazione oraria			
d. Il costo degli abbonamenti annuale, settimanale e giornaliero comprende la prima ricarica obbligatoria			

Punti 1 (0,25 per ogni risposta corretta)

C5 In quale ordine, secondo il testo, devono essere compiute le operazioni per abbonarsi online a [TO]Bike?

☐ A. Accedere all'area riservata, attivare la tessera, acquistare l'abbonamento e registrarsi sul sito

☐ B. Registrarsi sul sito, acquistare l'abbonamento, accedere all'area riservata e attivare la tessera

☐ C. Attivare la tessera, accedere all'area riservata, acquistare l'abbonamento e registrarsi sul sito

☐ D. Registrarsi sul sito, accedere all'area riservata, attivare la tessera, acquistare l'abbonamento

Punti 1

C6 **Osserva il grafico: chi ha un abbonamento annuale paga la seconda mezz'ora di utilizzo della bicicletta di più, di meno o come chi ha un abbonamento giornaliero? E chi ha un abbonamento settimanale paga la seconda mezz'ora di più, di meno o come chi ha un abbonamento giornaliero?**

....

....

....

Punti 1

C7 **In base al grafico, per chi vuole usare la bicicletta per tre ore di seguito in una giornata è più conveniente acquistare l'abbonamento giornaliero o l'abbonamento 4FORYOU? Spiega perché.**

....

....

....

....

Punti 1

C8 **Nella frase «Passa la tua card su una colonnina con bici disponibile, attendi il terzo bip, sganciala sfilandola verso destra, salta in sella e pedala!» (righe 13-15), a che cosa si riferisce la particella pronominale "-la" nella parola «sganciala»?**

☐ A. Alla card
☐ B. Alla colonnina
☐ C. Alla sella
☒ D. Alla bicicletta

Punti 1

C9 **Nella frase «riconsegna la bici in una stazione [TO]Bike: sulla colonnina cicloposteggio libera riaggancia la bici sollevandola leggermente» (righe 16-17), i due punti introducono**

☐ A. un discorso diretto rivolto a chi usa la bici
☒ B. una spiegazione della procedura di riconsegna
☐ C. una riflessione sulla procedura di riconsegna
☐ D. un'argomentazione sul vantaggio di usare la bici

Punti 1

C10 **L'immagine con il titolo «Acquista online» dà informazioni su**

☒ A. modalità di pagamento online degli abbonamenti
☐ B. modalità di acquisto online delle biciclette
☐ C. tipologie di tessere attive sulle colonnine di cicloposteggio
☐ D. tipologie di tessere attive sulle biciclette di [TO]Bike

Punti 1

Totale punti: ..../10

Parte prima - Testo D

Olimpiadi di Italiano

Le Olimpiadi di Italiano si propongono di:

• incentivare e approfondire lo studio della lingua italiana, elemento essenziale della formazione culturale di ogni studente e base indispensabile per l'acquisizione e la crescita di tutte le conoscenze e le competenze;

• sollecitare in tutti gli studenti l'interesse e la motivazione a migliorare la padronanza della lingua italiana;

• promuovere e valorizzare il merito, tra gli studenti, nell'ambito delle competenze linguistiche in Italiano.

REGOLAMENTO

1. Destinatari

Le Olimpiadi sono gare individuali rivolte alle studentesse e agli studenti degli istituti secondari di secondo grado italiani, statali e paritari, delle scuole italiane all'estero di pari grado, delle sezioni italiane funzionanti in scuole straniere e internazionali all'estero, e delle scuole straniere in Italia. [...]

2. Modalità di partecipazione

Lo svolgimento delle Olimpiadi per le scuole italiane in Italia si articola in tre fasi:

1. Gare di istituto [...];
2. Gare semifinali [...];
3. Finale nazionale [...].

[...]

3. Iscrizione delle scuole e degli studenti

Le scuole che intendono far partecipare alle Olimpiadi le proprie allieve e i propri allievi individuano tra i docenti un Referente d'istituto, che, a partire dal 6 ottobre 2015 ed entro il 12 gennaio 2016, iscrive sul sito www.olimpiadi-italiano.it la propria scuola e comunica l'avvenuta iscrizione al Referente regionale. Il Referente regionale è nominato da ciascun Ufficio Scolastico Regionale, che ne trasmette il nome al Ministero dell'Istruzione. [...]

Ogni istituto, ad esclusione delle scuole italiane all'estero, può effettuare tante iscrizioni quante sono le aree formative - liceale, tecnica e professionale – presenti al proprio interno; in tal caso ciascuna delle tre aree va iscritta separatamente da un proprio referente (uno stesso docente può eventualmente essere referente di più aree). [...]

Il numero minimo di concorrenti che un istituto deve iscrivere a ciascuna categoria (JUNIOR, studenti del primo biennio, o SENIOR, studenti del secondo biennio e quinto anno) è cinque. Nel caso di istituti con più di un'area formativa il limite di cinque per categoria vale per ciascuna area.

Per favorire la più ampia partecipazione, il numero massimo di studenti iscritti non è predefinito ed è demandato alla scelta autonoma delle singole scuole, con l'avvertenza che esso andrà comunque commisurato alla effettiva disponibilità di risorse adeguate nell'istituto (spazi laboratoriali attrezzati, connessione internet, referenti tecnici etc.) per lo svolgimento della prima fase della gara in modalità telematica. [...] La scelta dei concorrenti per la gara d'istituto è demandata alle singole scuole, che attueranno una selezione preliminare, con autonomi criteri di merito, finalizzata anche a sensibilizzare tutti gli studenti e i consigli di classe sull'importanza di una buona competenza nella lingua italiana. [...]

4. Gare di istituto per le scuole italiane in Italia

Le gare d'istituto per le scuole italiane in Italia si svolgono contemporaneamente su tutto il territorio nazionale, negli istituti di appartenenza [...].

8. Tipologia e argomenti delle prove

Gli argomenti delle prove rimandano ai diversi livelli di padronanza della lingua, dalla grammatica (ortografia, morfologia, sintassi, lessico) alla testualità [...].
Le gare di istituto e le semifinali prevedono domande a risposta chiusa, non soltanto a scelta multipla, mentre quelle finali includeranno anche domande a risposta aperta e parti di produzione testuale.

[...]

12.5. Gara finale nazionale: venerdì 18 marzo 2016

La gara nazionale si svolge a Firenze in Palazzo Vecchio. Le studentesse e gli studenti ammessi alla finale nazionale sostengono le prove utilizzando i soli materiali predisposti dal Comitato tecnico-organizzativo.
Al termine delle prove, la Giuria valuterà i risultati e compilerà la graduatoria finale. La cerimonia di premiazione si svolgerà nella mattina di sabato 19 marzo 2016, a Firenze, nel Salone dei Cinquecento in Palazzo Vecchio.

(da www.olimpiadi-italiano.it)

D1 In base al testo, qual è lo scopo delle Olimpiadi di Italiano?

☐ A. Fornire agli studenti le basi per studiare la grammatica e il lessico di tutte le lingue
☐ B. Sollecitare lo spirito agonistico degli studenti e la loro aspirazione a prevalere
☐ C. Diffondere la consapevolezza della superiorità dell'italiano sulle altre discipline
☒ D. Promuovere la conoscenza e l'interesse per la lingua italiana e valorizzare il merito

Punti 1

D2 Chi può partecipare alle Olimpiadi di Italiano?

☐ A. Gli studenti delle scuole medie italiane
☐ B. Gli studenti delle scuole superiori italiane
☐ C. Gli studenti delle scuole superiori in Italia e all'estero e delle scuole straniere in Italia
☐ D. Gli studenti delle scuole medie in Italia e delle scuole superiori in Italia e all'estero

Punti 1

D3 Il punto 2 del testo («Modalità di partecipazione») indica

☐ A. i momenti successivi delle prove
☐ B. i luoghi di svolgimento delle prove
☐ C. quali studenti possono iscriversi alle prove
☐ D. come gli studenti possono iscriversi alle prove

Punti 1

D4 Chi è il «Referente d'istituto» (riga 23)?

☐ A. Un docente
☐ B. Un allievo
☐ C. Un funzionario del ministero
☐ D. Un funzionario regionale

Punti 1

D5 Un docente di un istituto con più aree formative

☐ A. può fare un'unica iscrizione per tutte le aree di cui è referente
☐ B. può essere il referente di una sola area
☐ C. può essere il referente di più aree, che vanno comunque iscritte separatamente
☐ D. può iscrivere separatamente più aree, ma solo se non ne è il referente

Punti 1

D6 Indica se le seguenti affermazioni sono vere o false rispetto a quanto si legge nel testo.

Metti una crocetta per ogni riga

	Vero	Falso
a. È previsto un numero massimo di iscritti per istituto		
b. La prima fase della gara si svolge davanti a un computer		
c. Il Referente regionale fornisce agli istituiti i criteri per la preselezione degli studenti		
d. Tutti gli studenti delle scuole italiane in Italia svolgono la prima fase della gara in contemporanea		

Punti 1 (0,25 per ogni risposta corretta)

D7 **Un istituto che intende partecipare a entrambe le categorie (JUNIOR e SENIOR) con due aree formative dovrà iscrivere almeno**

☐ A. 5 studenti
☐ B. 10 studenti
☐ C. 15 studenti
☐ D. 20 studenti

Punti 1

D8 **Nella frase «La scelta dei concorrenti per la gara d'istituto è demandata alle singole scuole» (riga 42), quale tra le forme verbali che seguono può sostituire «è demandata»?**

☐ A. È domandata
☐ B. È affidata
☐ C. È compiuta
☐ D. È impedita

Punti 1

D9 **Nella gara finale gli studenti dovranno sostenere una prova costituita da**

☐ A. domande a risposta chiusa e parti di produzione testuale
☐ B. domande a risposta aperta e parti di produzione testuale
☐ C. domande a risposta chiusa, a risposta aperta e parti di produzione testuale
☐ D. domande a risposta chiusa (scelta multipla) e parti di produzione testuale

Punti 1

D10 **Dopo quanto tempo è pubblicata la graduatoria della gara finale nazionale e quando sono premiati i vincitori? Scrivilo.**

....

....

Punti 1

Totale punti: ..../10

Parte seconda - Grammatica

E1 Nelle frasi seguenti, inserisci il verbo dato tra parentesi coniugandolo nella forma richiesta.

a. Vorrei che mi (*regalare*, congiuntivo imperfetto, 2^ persona singolare) .... un libro.
b. Temo che le mie piante (*soffrire*, congiuntivo passato, 3^ persona plurale) .... per la gelata di questa notte.
c. Lascia che (*essere*, congiuntivo presente, 3^ persona singolare) .... tua sorella ad accompagnarti.
d. Vuoi che ti (*accompagnare*, congiuntivo presente, 1^ persona singolare) .... oppure preferisci andare da solo?
e. Peccato che la festa (*durare*, congiuntivo passato, 3^ persona singolare) .... poco.
f. Siamo usciti senza che voi ve ne (*accorgersi*, congiuntivo imperfetto, 2^ persona plurale) ....

Punti 1,5 (0,25 per ogni risposta corretta)

E2 Una delle parole di ciascuna stringa della colonna di destra è formata con un prefisso che ha lo stesso significato del prefisso contenuto nella parola della colonna di sinistra. Sottolineala.

Es. interposto	intero / interno / interrato / intervenuto
a. disincagliato	disgelato / discreto / discutibile / disegnato
b. postbellico	postale / posteggiato / postdatato / posto
c. intrattabile	incagliato / inappropriato / incantato / inciso
d. scomposto	sgarbato / stupido / spacciato / sparato

Punti 1 (0,25 per ogni risposta corretta)

E3 Nel dizionario della lingua italiana Treccani.it leggiamo: «*scricchiolare* / v. intr. [voce di origine onomatopeica; cfr. cric]». Dunque il verbo si è formato grazie a

☐ A. un'omonimia (uguaglianza di nome)
☐ B. un'antitesi (opposizione di significato)
☐ C. un'omofonia (somiglianza di suono)
☐ D. un'anafora (ripetizione di parole iniziali)

Punti 1

E4 **Tra le serie che seguono, una sola è un campo semantico, cioè un gruppo di parole che si riferiscono a un medesimo ambito o argomento. Indica qual è.**

☐ A. Cavallo-montare-equino-cavalletto

☐ B. Scogliera-marinaio-onda-tempesta

☐ C. Matita-gomma-anello-pennarello

☐ D. Moneta-assegno-stipendio-disegno

Punti 1

E5 **Per ciascuna delle frasi seguenti, indica se il pronome relativo «che» ha funzione di soggetto o di complemento oggetto.**

Frasi	Soggetto	Complemento oggetto
a. Ho ascoltato la canzone che mi hai consigliato.		
b. Non conosco la signora che mi ha salutato poco fa.		
c. È venuta a trovarmi l'amica che ho conosciuto in Francia.		
d. I vicini hanno un cane che abbaia di gioia quando mi vede.		
e. Non è ancora arrivato il libro che ho ordinato.		
f. Sul tavolo c'è il documento che mi hai chiesto.		

Punti 1,5 (0,25 per ogni risposta corretta)

E6 **Nella frase «Hai vinto tu, perciò meriti il premio», il connettivo «perciò» indica**

☐ A. una spiegazione

☐ B. una conclusione

☐ C. una contrapposizione

☐ D. una separazione

Punti 1

E7 **In quale delle frasi seguenti le parole sono associate correttamente dal punto di vista del lessico?**

☐ A. Il Presidente della Repubblica è in visita ufficiale a Londra.

☐ B. Nel disegno ho messo in esigenza la parte superiore della casa.

☐ C. Ho riso per la battuta di spirito che hai intrapreso.

☐ D. È una notizia confortevole che siate già a casa!

Punti 1

E8 **Nel periodo seguente (frase complessa), sono state separate le proposizioni: «Benché gli alpinisti fossero stanchi, / proseguirono rapidamente verso il rifugio / perché il cielo era coperto di nuvole / che avanzavano basse / e minacciavano neve». Riscrivi le proposizioni nello schema, una per ogni casella, tenendo conto dei rapporti di coordinazione e di subordinazione (una casella è già stata riempita).**

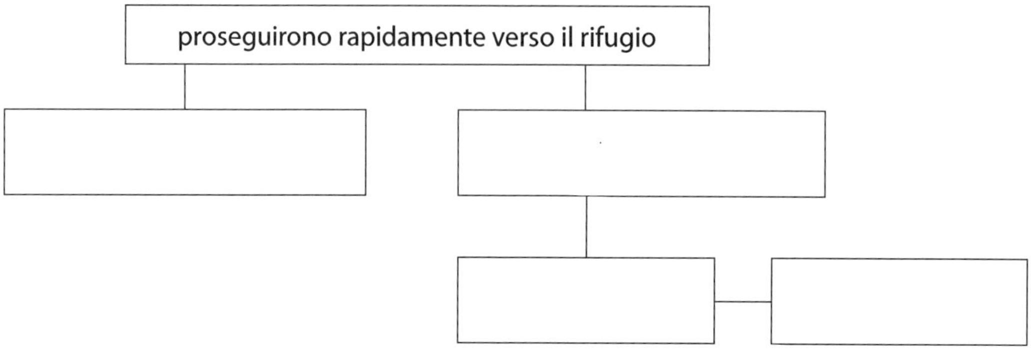

Punti 1 (0,25 per ogni risposta corretta)

E9 **Le frasi seguenti sono state scritte eliminando gli spazi tra le parole, gli accenti e gli apostrofi. Riscrivile separando le parole e introducendo gli accenti e gli apostrofi dove sono necessari.**

a. Glielhodettomillevolteeluimhasemprerispostodisi.

b. Lhochiamataeseaffacciataallafinestra.

....

....

Punti 1 (0,5 per ogni risposta corretta)

Totale punti: ..../10

Parte terza - Completamento

Completa il testo che segue, inserendo negli spazi vuoti le parole adatte (una sola per ogni spazio). Le parole devono essere appropriate dal punto di vista lessicale e sintattico ed essere coerenti con il significato complessivo del testo.

PRIMA DI COMINCIARE, LEGGI TUTTO IL TESTO.

Il cyberbullismo

Quando si parla di cyberbullismo si fa riferimento a prepotenze .... (1) che possono essere persino in continuità o aggiuntive alle offese offline, diverse da un banale scherzo o da un litigio. Attraverso lo schermo di un computer il cyberbullo si pone in un evidente squilibrio di forze: ha il potere, perché .... (2) dall'anonimato, di insistere sulla vittima con intenzione di lederla. L'offesa o la persecuzione si propagano in .... (3) e possono raggiungere una platea illimitata di visualizzatori, molti dei quali non .... (4) nemmeno la vittima. Ciò rende difficoltoso individuare luoghi e tempi in cui tali dinamiche relazionali avvengono, con la .... (5) che il fenomeno appare meno riconoscibile e di più difficile gestione e contrasto, sia per gli organi competenti sia per le famiglie delle .... (6). Nel .... (7) tradizionale in genere la vittima e il bullo sono persone che si conoscono, che .... (8) la stessa scuola. Nel bullismo elettronico, ... (9), le persone possono anche non aver mai avuto alcun contatto relazionale. L'empatia, infatti, scompare quando .... (10) a noi c'è uno schermo e le reazioni, i sentimenti, i bisogni dell'altro ci sono negati o si confondono, restando ambigui e sfocati.

(adattato da S. Morosi, *Cyberbullismo, la violenza è online. Se i minori sono vittime di coetanei*, da www.corriere.it, 30 novembre 2015)

Totale punti: ..../10

PROVA 2

Parte prima - Testo A

Due bacchette magiche

Difficile incontrare qualcuno che si stacchi dal pensiero comune e pensi per conto suo, prendendosi l'onere (ma anche la felicità) di avere pensieri solo suoi. Il prezzo è troppo alto: essere esclusi, trascurati, sentirsi soli.

Nessuno vuol sentirsi solo, oggi che la parola chiave è gruppo, condivisione.

Un'amica psicologa mi ha parlato degli esperimenti sul conformismo di Solomon Asch, che non conoscevo. Quel che ho capito è questo: si mostrano a un gruppo di dieci persone due bacchette, una per esempio di quindici centimetri e una di diciotto, e si chiede qual è la più lunga.

Di questo gruppo di persone, solo una è quella che deve essere esaminata, le altre nove sono d'accordo a mentire e dicono che le due bacchette sono lunghe uguali. Ebbene, la decima persona dirà lo stesso.

Chissà quali sconvolgimenti mentali abiteranno nella sua mente in quel momento: è evidente che una bacchetta è più lunga dell'altra, ne è sicuro, dovrebbe dirlo. Eppure, siccome tutti dicono il contrario, anche quella persona non avrà nessuna esitazione a dire il contrario. Come gli altri. Per uniformarsi agli altri (portare l'uniforme!).

La realtà, i dati oggettivi vanno a pallino. Figuriamoci il nostro personale punto di vista, il nostro particolare e originale pensiero!

Teniamo così tanto a essere inclusi, a sentirci parte del gruppo, che rinneghiamo l'evidenza, anche un'evidenza così eclatante. Figuriamoci se non rinneghiamo noi stessi!

Siamo ai soliti vestiti dell'Imperatore[1]. Se i sudditi dicono che il re non è nudo, non lo è, e non ha più importanza che lo sia.

Ma almeno lì c'era l'Imperatore, era una questione di potere, di favori. Forse anche di paura. Qui invece c'è solo il gruppo, l'ammasso indistinguibile di persone come noi: è soltanto di loro che c'importa, oggi, è al loro parere e alla loro approvazione che teniamo.

La verità oggettiva, e il pensiero indipendente, possono fare fagotto[2]. [...]

(P. Mastrocola, *Paginette*, da "Domenica del Sole 24 Ore", 27 marzo 2016)

1. vestiti dell'Imperatore: l'autrice fa riferimento alla celebre fiaba di H. C. Andersen, in cui un imperatore vanitoso, convinto di indossare un tessuto invisibile agli stolti, sfila nudo per le vie della città senza che nessuno abbia il coraggio di dirgli la verità.

2. fare fagotto: espressione figurata, significa propriamente "andarsene via", "scomparire".

A1 **Nel primo periodo del testo viene enunciata**

☐ A. la tesi centrale dell'articolo
☐ B. la tesi che verrà poi confutata dall'autrice
☐ C. la tesi di Solomon Asch
☐ D. la tesi della psicologa amica dell'autrice

Punti 1

A2 **Quale tra le parole che seguono non può essere usata nel testo come sinonimo di «onere» (riga 2)?**

☐ A. Responsabilità
☐ B. Impegno
☐ C. Prestigio
☐ D. Compito

Punti 1

A3 **Nella frase «Quel che ho capito è questo:» (riga 6) i due punti introducono**

☐ A. un elenco
☐ B. una spiegazione
☐ C. una citazione
☐ D. un discorso diretto

Punti 1

A4 **Indica se le seguenti affermazioni sono vere o false rispetto a quanto si legge nel testo.**

Metti una crocetta per ogni riga

	Vero	**Falso**
a. Nell'esperimento di Asch le due bacchette hanno lunghezze differenti		
b. Nell'esperimento di Asch le due bacchette hanno una lunghezza standard di 15 e 18 centimetri		
c. L'esperimento di Asch necessita della complicità di dieci persone		
d. L'esperimento di Asch si limita a esaminare il comportamento di una sola persona		

Punti 1 (0,25 per ogni risposta corretta)

A5 **Per quale motivo l'autrice cita a sostegno della sua tesi l'esperimento di Solomon Asch?**

....

....

Punti 1

A6 **Nella frase «dovrebbe dirlo» (riga 13) a cosa si riferisce il pronome «lo»?**

☐ A. Alla proposizione «la decima persona dirà lo stesso»

☐ B. Alla proposizione «quali sconvolgimenti mentali abiteranno nella sua mente»

☐ C. Alla proposizione «ne è sicuro»

☐ D. Alla proposizione «che una bacchetta è più lunga dell'altra»

Punti 1

A7 **Che cosa significa la frase «i dati oggettivi vanno a pallino» (riga 16)?**

☐ A. I dati oggettivi non hanno più valore

☐ B. I dati oggettivi si ripetono in continuazione

☐ C. I dati oggettivi sono giustamente valorizzati

☐ D. I dati oggettivi contano più di tutto il resto

Punti 1

A8 **Nel testo, il rapporto che c'è fra i sudditi e l'Imperatore e quello che, nella società odierna, c'è tra il singolo e il gruppo vengono messi in relazione. Tale relazione è di**

☐ A. complementarità

☐ B. somiglianza

☐ C. differenza

☐ D. opposizione

Punti 1

A9 **Qual è l'idea centrale del testo?**

☐ A. Le persone tendono a uniformarsi agli altri soprattutto per ragioni di potere, di favori e di paura

☐ B. Non bisogna mai uniformarsi agli altri, ma seguire solo ed esclusivamente il proprio pensiero indipendente, anche se sbagliato

☐ C. Il timore di essere esclusi dagli altri ci spinge a ricercare la loro approvazione anche a costo di negare realtà oggettive

☐ D. La scienza dimostra che per natura l'uomo tende a uniformarsi ai suoi simili e a non avere una propria opinione sulla realtà

Punti 1

Totale punti: ..../9

Parte prima - Testo B

Una primavera felice

Con il bel tempo passavamo molto tempo nella terrazza di zia Teresa. Era talmente grande che ci andavamo in bicicletta. In un angolo, lontano dalla casa, c'era un pollaio dove venivano parcheggiati i polli arrivati dalla campagna [...]. Silvano aveva una gallina sua, personale, si chiamava Caterina. L'aveva scelta non so come né quando, e gli zii gli avevano permesso di addomesticarla, col risultato che quella lo seguiva in casa, saltellando sui pavimenti a mosaico e perfino sul parquet. Alla sua morte era stata sostituita da Micky, il cocker nero: lo amavamo tutti, incluso Paolo, che a un tratto decise che toccava a lui portarlo fuori per le sue passeggiate igieniche – si era inventato un altro lavoro. Gli animali ci piacevano moltissimo, tutti, e nonostante non ne avessimo più l'età avevamo mantenuto certi vecchi giochi come quello di battezzare ogni nidiata di gattini. La cerimonia, quasi segreta, prevedeva che i gattini venissero abbigliati con i vestiti delle bambole e avveniva nel primo pomeriggio. Inizialmente l'officiante era stato Gaspare, poi, sentendosi grande, aveva ceduto il posto a Silvano. Dopo accese discussioni sceglievamo padrini e madrine, nonché il nome dei neonati; a battesimo fatto, mangiavamo con gusto certi orribili dolcini pieni di zucchero e bevevamo l'aranciata frizzante in bustina che ci facevamo comprare di nascosto da Paolo, sempre nostro complice, al bar sotto casa.

Avevamo mantenuto anche la tradizione delle recite, ma le avevamo rese più intellettuali – almeno secondo noi. Ogni opera che vedevamo in televisione o a teatro era replicata nella terrazza di casa Comitini.

I promessi sposi era la nostra maggiore fonte di ispirazione, quasi inesauribile. C'era tutto, lì: l'amore, la cattiveria, la perversione dei monasteri, la guerra, le malattie e le morti. Gli attori eravamo noi bambini, e Paolo. Silvano lo aveva persuaso a vestirsi da bravo – cioè a infilarsi i pantaloni in certi calzettoni che gli aveva trovato; così abbigliato, e con un cappellaccio in testa, Paolo faceva la sua figura, più di noi, bardati da Renzo, che in genere era Silvano o Gaspare, Lucia, che a seconda della scena poteva essere Chiara o Gabriella, o, per le parti più impegnative, Maria. Gli altri ruoli – l'Innominato, don Abbondio e la monaca di Monza – erano assegnati in genere da Silvano e Gaspare alle più piccole. Io ero il factotum, e spesso collaboravo alla sceneggiatura. Le cassette e i cesti della frutta e verdura appoggiati sui tavoli formavano la scenografia insieme a vecchie lenzuola e coperte appese ai fili della biancheria o piegate, pronte per proteggere la frutta dalle mosche. Paolo si divertiva a recitare con noi, ritornava bambino. I dialoghi li scriveva Gaspare, il più grande e l'uomo di mondo – aveva più di sedici anni e usciva da solo. *I promessi sposi* li conoscevamo tutti perché li leggevamo a scuola; anche Chiara e Gabriella, che ancora non andavano al ginnasio, sapevano la trama. Dopo la recita arrivava il momento dei rinfreschi: acqua con succo di amarena e talvolta perfino amarene e dolcini serviti in una guantiera. Paolo, divenuto dei nostri, allungava le braccia artritiche a gran velocità per acchiappare i dolcini di cui era ghiotto: lo trattavamo come uno di noi, rimproverandolo senza alcun rispetto per la sua età se ne prendeva troppi. «Don Paolo, vossia[1] non deve fare come i picciotti, s'arricordassi che anziano è», gli sussurrava Nora. E gli porgeva la tazzina di caffè. Alla fine, Giuliana e la bambinaia di Silvano ci portavano in bagno per lavarci la faccia truccata con la carbonella, mentre le donne di servizio mettevano a posto le file di sedie dalle quali avevano assistito alla recita e rassettavano la terrazza.

Poi tornavo a casa e mi mettevo a leggere i romanzi di Stendhal, la mia passione del momento. Non vedevo contraddizione tra il battesimo felino, la recita dei *Promessi sposi* alla palermitana e la grande letteratura francese: erano tutti piaceri della vita.

(S. Agnello Hornby, *Via XX Settembre*, Feltrinelli, Milano 2013)

1. vossia: forma sincopata di "vostra signoria", qui usata ironicamente.

B1 Il testo che hai letto è

☐ A. un testo narrativo
☐ B. un testo espositivo
☐ C. un saggio
☐ D. una cronaca

Punti 1

B2 Dov'è il pollaio?

☐ A. Nel parcheggio della casa
☐ B. Nel cortile della casa
☐ C. Nella terrazza della casa
☐ D. Nei campi intorno alla casa

Punti 1

B3 Nella frase «col risultato che quella lo seguiva in casa» (righe 5-6), a chi si riferisce il pronome «lo»?

☐ A. Allo zio
☐ B. A Silvano
☐ C. A un pollo
☐ D. A un cane

Punti 1

B4 **Nella frase «lo amavamo tutti, incluso Paolo» (riga 7), con quale tra le parole seguenti si può sostituire «incluso», conservando lo stesso significato?**

- ☐ A. Inserito
- ☐ B. Soprattutto
- ☐ C. Tranne
- ☐ D. Compreso

Punti 1

B5 **Che cosa intende dire l'autrice quando afferma «nonostante non ne avessimo più l'età avevamo mantenuto certi vecchi giochi» (righe 9-10)? Spiegalo con parole tue.**

....

....

....

Punti 1

B6 **Nella frase «Inizialmente l'officiante era stato Gaspare, poi, sentendosi grande, aveva ceduto il posto a Silvano» (righe 12-14), qual è il significato di «officiante»?**

- ☐ A. Chi conduce una cerimonia
- ☐ B. Chi inventa un gioco
- ☐ C. Chi sceglie padrini e madrine
- ☐ D. Chi prepara un rinfresco

Punti 1

B7 **Considera il passo in cui si narra la cerimonia del battesimo dei gattini (righe 11-17) e, in base al testo, indica se le affermazioni che seguono sono vere o false.**

Metti una crocetta per ogni riga

La cerimonia del battesimo dei gattini	Vero	Falso
a. Si svolgeva di nascosto all'alba		
b. Era un nuovo gioco, inventato da Gaspare		
c. Prevedeva che i gattini venissero vestiti		
d. Richiedeva che ai gattini fossero attribuiti i nomi degli ultimi bambini nati		
e. Comprendeva l'assegnazione ai gattini di un padrino e di una madrina		
f. Si concludeva con un rinfresco a base di dolci e aranciata		

Punti 1,5 (0,25 per ogni risposta corretta)

B8 **Nella frase «Dopo accese discussioni sceglievamo padrini e madrine, nonché il nome dei neonati» (righe 14-15), con quale parola o espressione può essere sostituito «nonché»?**

- ☐ A. Ma non
- ☐ B. E anche
- ☐ C. Tranne
- ☐ D. Tanto meno

Punti 1

B9 **Per quale ragione le recite dei ragazzi si ispiravano soprattutto ai *Promessi sposi*? Scrivilo con parole tue.**

....

....

Punti 1

B10 **a. Dal racconto si comprende che nel gruppo dei ragazzi c'è anche un adulto che condivide i loro giochi. Di chi si tratta?**

☐ A. Di Silvano
☐ B. Di Gaspare
☐ C. Di Paolo
☐ D. Di Renzo

Punti 1

b. Riporta almeno una frase del testo da cui hai potuto dedurre la tua risposta.

....

....

....

....

....

....

....

....

....

Punti 0,5

B11 **La parola «cappellaccio» (riga 25) indica**

☐ A. un cappello grande
☐ B. un cappello piccolo
☐ C. un cappello malandato
☐ D. un cappello originale

Punti 1

B12 **In base al testo, collega ciascun termine della colonna di sinistra con la definizione corrispondente contenuta nell'elenco di destra.**

Termine	Definizione
1. Factotum (riga 29)	a. Ideazione e realizzazione delle scene
2. Sceneggiatura (riga 29)	b. Ruolo in un'opera teatrale o cinematografica
3. Scenografia (righe 30-31)	c. Responsabile di incarichi diversi
4. Parte (riga 27)	d. Copione di un'opera teatrale o cinematografica

Punti 1 (0,25 per ogni risposta corretta)

B13 **Nella frase «I dialoghi li scriveva Gaspare, il più grande e l'uomo di mondo – aveva più di sedici anni e usciva da solo» (righe 33-34), il trattino introduce**

- ☐ A. una battuta di discorso diretto
- ☐ B. un'espressione dubitativa
- ☐ C. una notizia che contrasta con la precedente
- ☐ D. una spiegazione di quanto appena affermato

Punti 1

B14 **Il punto di vista da cui i fatti sono narrati è quello**

- ☐ A. della protagonista
- ☐ B. di un personaggio secondario
- ☐ C. di Gaspare
- ☐ D. di Paolo

Punti 1

B15 **Con quali parole possono essere descritti i sentimenti e i comportamenti dei ragazzi nei confronti di Paolo?**

Metti una crocetta per ogni riga

Sentimenti e comportamenti dei ragazzini nei confronti di Paolo	Sì	No
a. Amicizia		
b. Disprezzo		
c. Familiarità		
d. Indifferenza		
e. Devozione		
f. Estraneità		
g. Complicità		
h. Confidenza		

Punti 2 (0,25 per ogni risposta corretta)

B16 **Rileggi il passo alle righe 42-45: «Alla fine, Giuliana e la bambinaia di Silvano ci portavano in bagno per lavarci la faccia truccata con la carbonella, mentre le donne di servizio mettevano a posto le file di sedie dalle quali avevano assistito alla recita e rassettavano la terrazza». Tra le parole che precedono il verbo «rassettavano» c'è un'espressione che ha un significato simile: quale?**

....

Punti 1

B17 **Qual è l'idea centrale del testo?**

- ☐ A. Il contrasto tra dovere e piacere e tra adulti e ragazzi
- ☐ B. L'opposizione tra la gioia dei giochi e la noia delle letture
- ☐ C. La felicità vissuta dalla protagonista nei giorni dell'infanzia
- ☐ D. La capacità dei bambini di divertirsi con gli animali

Punti 1

Totale punti: ..../19

Parte prima - Testo C

La lettura nelle famiglie italiane

Un elemento che condiziona in modo determinante l'esperienza della lettura e il rapporto con i libri è l'ambiente familiare. La lettura si conferma fortemente condizionata dalle abitudini familiari e la propensione alla lettura dei bambini e dei ragazzi si dimostra direttamente correlata alla presenza di genitori che hanno l'abitudine di leggere libri: la quota di lettori di chi ha madre e padre lettori, tra i bambini in età scolare di 6-10 anni (63,7%) e tra i ragazzi di 11-14 anni (71,1%), è oltre il doppio rispetto a quella di coloro che hanno entrambi i genitori non lettori (rispettivamente 26,7% e 35,9%) (Figura 3).

FIGURA 3. PERSONE DI 6-14 ANNI CHE HANNO LETTO ALMENO UN LIBRO NEL TEMPO LIBERO NEI 12 MESI PRECEDENTI L'INTERVISTA PER CLASSE DI ETÀ E COMPORTAMENTO DI LETTURA DEI GENITORI. Anno 2015, per 100 persone di 6-14 anni con le stesse caratteristiche

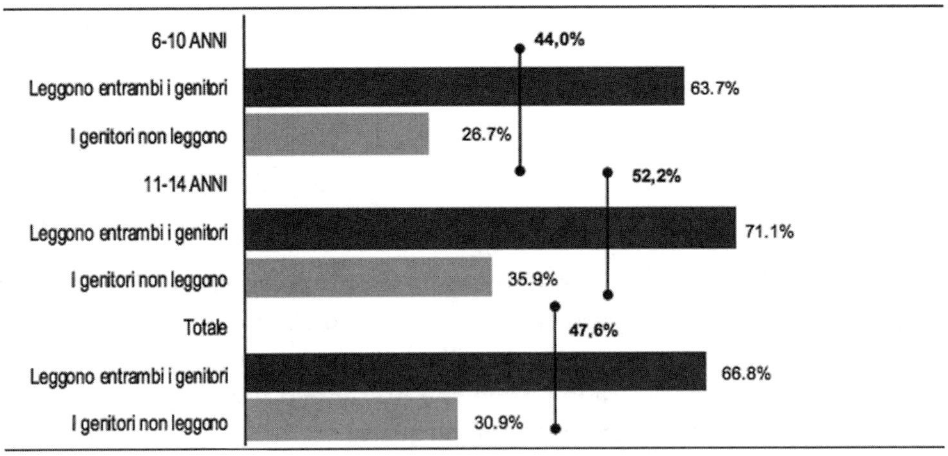

[...] Quasi una famiglia su dieci (9,1%, pari a circa 2,3 milioni di famiglie) dichiara di non avere nemmeno un libro in casa. La percentuale è ampiamente superiore alla media nazionale in Puglia (18,2%), Calabria (16,3%) e Basilicata (16,1%). Anche nei casi in cui è presente una libreria domestica, il numero di libri disponibili è molto contenuto: il 29,1% delle famiglie possiede non più di 25 libri e il 64,4% ha una libreria con al massimo 100 titoli che, calcolando un ingombro medio di 30/40 libri per metro lineare, occupano indicativamente non più di tre ripiani di uno scaffale (Figura 4).

FIGURA 4. FAMIGLIE PER NUMERO DI LIBRI POSSEDUTI. Anno 2015, per 100 famiglie

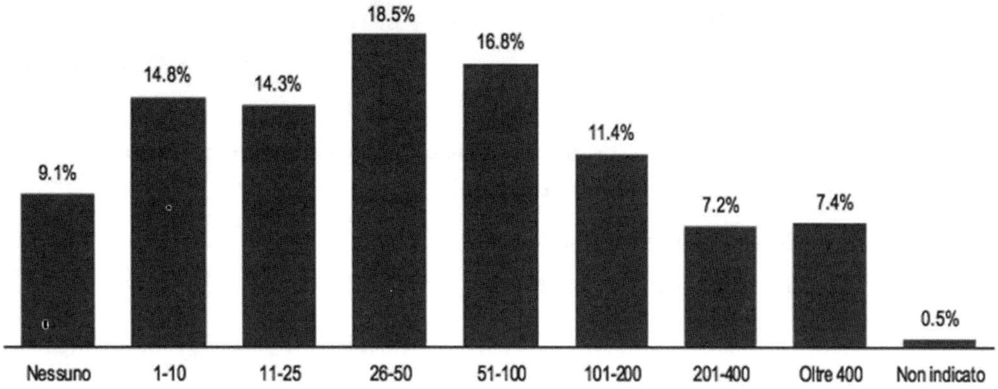

Sul fronte opposto, si stima che il 26% delle famiglie possegga più di 100 libri. Le regioni con le percentuali maggiori sono la Liguria (37,1%), il Trentino-Alto Adige (34,6%) e il Friuli-Venezia Giulia (34,3%). La presenza di libri in casa è condizione necessaria ma non sufficiente a favorire la lettura. Infatti, più di una persona su cinque tra quelle che dichiarano di disporre di oltre 400 libri (22,2%) non ne ha letto nemmeno uno e quasi una su quattro (24,5%) ha dichiarato di leggere non più di tre libri all'anno (18,3% nel 2014).

(adattato da ISTAT, *La lettura in Italia*, report del 13 gennaio 2016)

C1 **Quale tra le seguenti parole non può essere usata nel testo come sinonimo di «propensione» (riga 3)?**

- ☐ A. Attitudine
- ☐ B. Aspirazione
- ☐ C. Inclinazione
- ☐ D. Predisposizione

Punti 1

C2 **Dal primo paragrafo del testo e dal primo grafico emerge che**

- ☐ A. nelle famiglie dove leggono entrambi i genitori i figli sono obbligati a leggere
- ☐ B. la totalità dei ragazzi figli di genitori lettori ama leggere
- ☐ C. i ragazzi sono meno ostili nei confronti della lettura se entrambi i genitori leggono
- ☐ D. la propensione alla lettura nei ragazzi non dipende necessariamente dal contesto familiare

Punti 1

C3 **Quali sono le classi di età prese in considerazione nel primo grafico?**

....

Punti 0,5

C4 **Nel primo grafico è possibile osservare che nelle famiglie in cui entrambi i genitori leggono il 63,7% dei bambini tra i sei e i dieci anni ha letto almeno** .... (a) **nell'arco di un** .... (b)**.**

Punti 1 (0,5 per ogni risposta corretta)

C5 **Come si può definire il rapporto tra il comportamento di lettura dei genitori e la propensione alla lettura dei figli?**

☐ A. Direttamente proporzionale

☐ B. Inversamente proporzionale

☐ C. Infondato

☐ D. Soltanto intuibile

Punti 1

C6 **Indica se le seguenti affermazioni sono vere o false rispetto a quanto si legge nel testo e nei grafici.**

Metti una crocetta per ogni riga

	Vero	Falso
a. Mediamente, in Italia nove famiglie su dieci possiedono almeno un libro in casa		
b. In Puglia, più di una famiglia su dieci dichiara di non avere libri in casa		
c. La maggior parte delle famiglie italiane possiede tra i 26 e i 50 libri in casa		
d. Soltanto il 29,1% delle famiglie italiane possiede più di 25 libri in casa		
e. In Liguria, la percentuale di famiglie che possiedono più di 100 libri è inferiore alla media nazionale		
f. Il numero delle famiglie con oltre 400 libri in casa è maggiore rispetto a quello delle famiglie che ne possiedono fino a 200		

Punti 1,5 (0,25 per ogni risposta corretta)

C7 **Quale tra le seguenti parole non può essere usata nel testo come sinonimo di «titoli» (riga 14)?**

☐ A. Libri

☐ B. Volumi

☐ C. Opere

☐ D. Testate

Punti 1

C8 Nella frase «calcolando un ingombro medio di 30/40 libri per metro lineare» (righe 14-15), il gerundio indica

☐ A. la conseguenza del fatto che 100 titoli occupino tre ripiani di uno scaffale

☐ B. la condizione per cui si può affermare che 100 titoli occupino tre ripiani di uno scaffale

☐ C. una circostanza in totale contrasto con il fatto che 100 titoli occupino tre ripiani di uno scaffale

☐ D. una circostanza in parziale contrasto con il fatto che 100 titoli occupino tre ripiani di uno scaffale

Punti 1

C9 Dal secondo grafico è possibile ricavare che il .... delle famiglie italiane possiede almeno 51 libri.

☐ A. 16,8%

☐ B. 18,5%

☐ C. 42,8%

☐ D. 61,3%

Punti 1

C10 Qual è il significato della frase «La presenza di libri in casa è condizione necessaria ma non sufficiente a favorire la lettura» (righe 18-19)?

☐ A. Se non si possiedono libri in casa non ci si appassionerà mai alla lettura

☐ B. Non è necessario avere tanti libri in casa per diventare lettori

☐ C. Avere dei libri in casa è importante, ma non basta a favorire la lettura

☐ D. La presenza di molti libri in casa può scoraggiarne a volte la lettura

Punti 1

C11 Analizzando il rapporto fra testo e immagini si può affermare che

☐ A. i testi riprendono molte informazioni dei grafici, ma ne aggiungono di nuove

☐ B. i testi riprendono molte informazioni dei grafici senza aggiungerne di nuove

☐ C. i testi riprendono tutte le informazioni dei grafici senza aggiungerne di nuove

☐ D. i testi riprendono tutte le informazioni dei grafici, ma ne aggiungono di nuove

Punti 1

C12 Il testo che hai letto è un testo prevalentemente

☐ A. argomentativo

☐ B. narrativo

☐ C. espositivo

☐ D. regolativo

Punti 1

Totale punti: ..../12

Parte prima - Testo D

Il punto ha cambiato significato?

I cellulari, gli smartphone, Internet e le email hanno cambiato il modo in cui scriviamo, e questo è dato ormai per scontato: c'è un cambiamento però di cui si discute poco, meno immediato delle molte abbreviazioni e dei prestiti dall'inglese che si leggono in giro, ma che coinvolge forse più persone ancora e in modo più sottile. Ne scrive Ben Crair in un articolo su *The New Republic* e riguarda l'uso del punto.

La tesi di Crair risulterà familiare a molti: mettere un punto alla fine di una frase in chat, su Skype o in una conversazione via SMS sta cominciando ad assumere un significato diverso, che supera quello attribuitogli dalla grammatica. Secondo Crair il punto sta diventando un simbolo di aggressività, di nettezza, di freddezza e distacco. «Nelle mie conversazioni online la gente non lo utilizza semplicemente per chiudere una frase, ma per segnalare una cosa del tipo "non sono contento di come si stia mettendo la conversazione"».

Prova a immaginarti alla fine di una giornata di lavoro. Mandi un messaggio del genere alla tua ragazza: "So che abbiamo prenotato al ristorante per stasera, ma non sarebbe più romantico mangiare a casa?".

Nel caso lei risponda
- Si può fare
allora puoi cominciare a cucinare. Ma se invece risponde
- Si può fare.
preparati a confermare quella prenotazione.

[...] Mark Liberman, professore di Linguistica all'Università della Pennsylvania, ha raccontato: «Tempo fa mio figlio di 17 anni mi fece notare che i miei SMS davano un'impressione di severità: questo perché per abitudine utilizzavo il punto per chiudere una frase».

[...] Secondo Choire Sicha, direttrice del magazine online *The Awl* [...], finire una frase senza punto la rende più aperta e neutrale: «è come se ci si liberasse di una certa enfasi, sia che si voglia continuare la conversazione oppure no».

Secondo Crair, [...] il punto è stato inventato per rendere più comprensibile un testo scritto, per marcare una pausa all'interno del pensiero; dal momento che nelle chat e via SMS questa funzione è svolta in un altro modo, il punto serve invece sempre di più a rendere chiaro il "tono" che si utilizzerebbe in una conversazione parlata. [...] Parte di quello che per molti anni hanno fatto le faccine – chiarire il tono di un breve messaggio che potrebbe essere interpretato in più modi – viene fatto sempre di più dalla punteggiatura.

(*Il punto ha cambiato significato?*, da www.ilpost.it, 4 dicembre 2013)

D1 Qual è l'argomento del testo?

☐ A. L'uso del punto negli SMS e nei testi online
☐ B. L'uso del punto nel linguaggio giornalistico
☐ C. L'uso del punto nelle immagini e nei fumetti
☐ D. L'uso del punto nel linguaggio degli adolescenti

Punti 1

D2 Qual è l'idea centrale del testo?

☐ A. È meglio eliminare il punto dalla comunicazione online e dagli SMS
☐ B. È meglio usare le faccine per esprimere il tono della conversazione
☐ C. Nella comunicazione online e negli SMS il punto evidenzia un tono freddo o irritato
☐ D. Nella comunicazione online e negli SMS il punto segnala una pausa del discorso

Punti 1

D3 Qual è la frase del testo che per prima esprime l'idea centrale che hai individuato?

....

....

Punti 1

D4 La parte di testo compresa tra «Prova a immaginarti» e «prenotazione» (righe 13-20) è

☐ A. un'ipotesi possibile
☐ B. un'ipotesi impossibile
☐ C. un'esperienza dell'autore
☐ D. una descrizione

Punti 1

D5 Nel testo è riportato anche un esempio reale. Individualo.

....

....

Punti 1

D6 Secondo il testo, qual è la differenza tra «Si può fare» (riga 17) e «Si può fare.» (riga 19)?

....

....

Punti 1

D7 **Considera l'affermazione seguente: «Nel caso lei risponda**
- Si può fare
allora puoi cominciare a cucinare» (righe 16-18). Qual è l'informazione sottintesa a questa comunicazione (quella che consente di cominciare a cucinare)?

....

....

Punti 1

D8 **In base al testo, quali delle affermazioni seguenti riguardo all'uso del punto in un SMS o in una conversazione online si possono fare e quali non si possono fare?**

Metti una crocetta per ogni riga

	Si può affermare	Non si può affermare
a. La progressiva scomparsa del punto è un "prestito" dall'inglese		
b. Il punto ha assunto un significato diverso da quello descritto dalla grammatica		
c. Il punto alla fine di una frase si usa per manifestare uno stato d'animo		
d. Il punto ha assunto una funzione simile a quella delle faccine		

Punti 1 (0,25 per ogni risposta corretta)

D9 **Nella frase «Parte di quello che per molti anni hanno fatto le faccine – chiarire il tono di un breve messaggio che potrebbe essere interpretato in più modi – viene fatto sempre di più dalla punteggiatura» (righe 30-32), i due trattini segnalano che la frase tra essi compresa è**

☐ A. una spiegazione
☐ B. un discorso diretto
☐ C. un commento
☐ D. una narrazione

Punti 1

D10 **L'immagine ha la funzione di mostrare**

☐ A. un esempio che contrasta con quanto affermato nel testo
☐ B. un esempio che conferma quanto affermato nel testo
☐ C. che sono possibili eccezioni a quanto affermato nel testo
☐ D. esempi e usi possibili di cui non si parla nel testo

Punti 1

Totale punti: ..../10

Parte seconda - Grammatica

E1 **In quale delle frasi seguenti non c'è il soggetto, né esplicito né sottinteso?**

- ☐ A. Vivere sani è desiderio di ciascuno.
- ☐ B. Mi sembra scorretto il tuo comportamento.
- ☐ C. Verrai a prendermi?
- ☐ D. Piove da una settimana.

Punti 1

E2 **In ciascuna serie individua e sottolinea la parola intrusa, cioè quella che non appartiene alla stessa famiglia di parole.**

a. Orto-ortaggi-ortolano-ortopedico
b. Insolazione-desolazione-solare-assolato
c. Lavare-lavanderia-slavina-slavato
d. Marmista-marmo-marmocchio-marmoreo

Punti 1 (0,25 per ogni risposta corretta)

E3 **Leggi attentamente la voce che segue, tratta dal dizionario della lingua italiana Treccani.it.**

disastro /di'zastro/ s. m. [der. del lat. *astrum*, "stella", col pref. dis-]. **1.** [evento funesto: un d. senza precedenti] ≈ calamità, cataclisma, catastrofe, disgrazia, rovina, sciagura, sventura, tragedia. **2.** (estens.) [danno irreparabile prodotto da un evento funesto: i d. del terremoto] ≈ devastazione, distruzione, rovina. **3. a.** (estens.) [situazione dannosa e ingarbugliata: guarda che d. hai combinato!] ≈ (pop.) casino, guaio, pasticcio, (fam.) pastrocchio. **b.** (fig.) [grande insuccesso: lo spettacolo è stato un vero d.] ≈ fallimento, fiasco, flop. ➛ successo, trionfo. **c.** (estens., fam.) [persona che combina ripetutamente guai: sei un d.!] ≈ frana, incapace, inetto, schiappa.

Usando le informazioni del dizionario date sopra, indica se le affermazioni seguenti sono vere o false.

Metti una crocetta per ogni riga

Disastro	Vero	Falso
a. Può essere sia sostantivo sia aggettivo		
b. È composto dal prefisso *dis-*, che ha significato peggiorativo		
c. Nel significato 1. si usa nel linguaggio familiare		
d. Può indicare sia un evento funesto sia le sue conseguenze		
e. Nel linguaggio familiare il contrario è "casino"		
f. Può riferirsi a una persona		

Punti 1,5 (0,25 per ogni risposta corretta)

E4 **Completa la tabella indicando con una crocetta, per ciascuna frase, il significato espresso dai verbi al congiuntivo (desiderio, augurio, dubbio, concessione, ordine gentile, esclamazione).**

Frasi	Desiderio	Augurio	Dubbio	Concessione	Ordine gentile	Esclamazione
a. Non l'ho visto a scuola. Che sia malato?						
b. Attendano in sala d'aspetto. L'avvocato arriverà tra poco.						
c. Usi pure il mio telefono, se le occorre.						
d. Sono già le nove. Arrivassi mai puntuale!						
e. Già devo andare a piedi. Almeno ci fosse il sole!						
f. La saluto, stia bene!						

Punti 1,5 (0,25 per ogni risposta corretta)

E5 **In quale delle frasi seguenti la punteggiatura è sbagliata?**

- ☐ A. Ti ho raccontato tutto quello che è successo; che cosa ne pensi?
- ☐ B. Rispose quasi gridando: «No!».
- ☐ C. Mi indicò, accostato a una delle pareti una specie di alto scaffale di legno carico di libri.
- ☐ D. Lo so che è tardi, ma proviamo ugualmente: vedrai che troveremo ancora una panetteria aperta!

Punti 1

E6 **Tra le espressioni seguenti, due sono scritte scorrettamente: individuale e riscrivile nella forma corretta.**

- ☐ A. Fa' un pò in fretta!
- ☐ B. Sì, sì, arrivo subito!
- ☐ C. Ti piace il taglio di mio fratello? Se l'è fatto da solo.
- ☐ D. Ce n'è siamo andati presto.

....

....

Punti 1 (0,25 per ogni frase individuata e 0,25 per ogni riscrittura corretta)

E7 **I periodi seguenti contengono frasi introdotte da «perché». Indica per ciascuna se si tratta di una subordinata causale o finale.**

Metti una crocetta per ogni riga

	Causale	Finale
a. L'ho accolto in casa mia perché è un amico.		
b. Ti diamo questi consigli perché tu possa vincere.		
c. Alzerò la voce perché mi sentiate tutti.		
d. I tuoi risultati sono scarsi perché sei troppo pigro.		

Punti 1 (0,25 per ogni risposta corretta)

E8 **Sulle parole seguenti segna l'accento tonico nella posizione corretta.**

a. Temibile (aggettivo derivato dal verbo temere)
b. Baule (grande contenitore)
c. Concavo (incavato, rientrante)
d. Rubrica (quaderno per gli indirizzi)

Punti 1 (0,25 per ogni risposta corretta)

E9 **Scrivi tra parentesi a quale parola si riferiscono i pronomi evidenziati in ognuna delle frasi seguenti.**

a. Ho parlato con tuo fratello e **gli** (..) ho detto che sarei partito.
b. Peccato che il dolce sia finito perché **ne** (..) avrei voluto ancora un po'.
c. Cani e gatti **si** (..) temono.
d. Ho preso il raffreddore e **l'**ho (..) attaccato a tutta la famiglia.

Punti 1 (0,25 per ogni risposta corretta)

Totale punti: ..../10

Parte terza - Completamento

Completa il testo che segue, inserendo negli spazi vuoti le parole adatte (<u>una sola per ogni spazio</u>). Le parole devono essere appropriate dal punto di vista lessicale e sintattico ed essere coerenti con il significato complessivo del testo.

PRIMA DI INCOMINCIARE, LEGGI TUTTO IL TESTO.

L'inquinamento urbano

La maggior parte delle nostre città è interessata dal .... (1) dell'inquinamento dell'aria: lo confermano le centraline che misurano le concentrazioni degli inquinanti. Anche noi, talvolta, ... (2) intuire, da qualche fastidio o difficoltà nel respirare, che la .... (3) dell'aria non è particolarmente buona. Il traffico urbano è oggi la principale fonte di .... (4) atmosferico di tutte le città, immediatamente seguito dalle emissioni degli impianti di riscaldamento durante la stagione .... (5). Per arginare il fenomeno, le amministrazioni pubbliche hanno preso alcuni provvedimenti .... (6) la circolazione a targhe alterne o i blocchi del .... (7). Questi provvedimenti, però, non bastano ad abbattere l'inquinamento urbano, perché spesso si tratta di misure solo .... (8), come le domeniche senza auto. Per ridurre sensibilmente l'inquinamento urbano sono necessari allora sia cambiamenti strutturali, come per esempio la sostituzione dei .... (9) più vecchi e inquinanti in favore di auto nuove e più "ecologiche", sia cambiamenti nei comportamenti di .... (10) di noi.

(adattato da *Migliorare la qualità dell'aria*, da www.eniscuola.net)

Totale punti: ..../10

PROVA 3

Parte prima - Testo A

Lezioni di vita

Che cosa avete imparato quest'estate? Io soltanto una cosa, ma importante. Me ne stavo in spiaggia libera, all'ora in cui gli ombrelloni riflettono l'ombra di uno stecchino, e guardavo malinconicamente i relitti di una festa della sera prima – bottiglie, bicchieri, gusci spolpati di anguria – disseminati sulla sabbia rovente. Un tizio intorno ai cinquanta (molto ben portati) si è avvicinato a una comitiva di ragazzi sonnecchianti. Saltellava per via della sabbia, e della rabbia. L'ho sentito urlare: «Vi sembra il modo di lasciare uno spazio pubblico? E guardatemi mentre vi parlo! Io, alla vostra età...». Ho girato la testa: per l'imbarazzo che mi provocano le frasi fatte, ma soprattutto per osservare la compagna del tizio, che aveva afferrato dei sacconi di plastica e cominciato a scaraventarvi dentro bottiglie rotte e bicchieri appiccicosi. Allora anche il tizio ha smesso di sgridare i ragazzi e ha raggiunto la donna. I due hanno lavorato sodo, in silenzio e sotto il sole. Giunti al decimo saccone, li ho visti correre in mare a rinfrescarsi. Ma quando sono usciti dall'acqua per andare a completare l'opera, la scena era completamente cambiata. I ragazzi si erano alzati tutti e, sacconi alla mano, stavano rimuovendo gli ultimi resti della loro bisboccia, in silenzio e sotto il sole. Lì ho capito la cosa importante. Che le ramanzine, i discorsi, le parole in genere sono sterili. L'unica forza che smuove i cuori è l'esempio. Il gesto che accompagna o sostituisce le parole.

(M. Gramellini, *Lezioni di vita, Buongiorno*, da "La Stampa", 6 settembre 2012)

A1 A chi si rivolge l'autore con la frase «Che cosa avete imparato quest'estate?» (riga 1)?

☐ A. Alla comitiva di ragazzi che hanno sporcato la spiaggia

☐ B. All'uomo e alla donna che hanno pulito la spiaggia

☐ C. Ai lettori della rubrica *Buongiorno* sul giornale "La Stampa"

☐ D. A coloro che hanno assistito alla scena sulla spiaggia **Punti 1**

A2 a. In base al testo, qual è l'ora «in cui gli ombrelloni riflettono l'ombra di uno stecchino» (righe 2-3)?

☐ A. Un'ora del tardo pomeriggio
☐ B. Un'ora del primo mattino
☐ C. Poco prima della notte
☐ D. Un'ora centrale del giorno

b. Scrivi un'altra espressione del testo che si riferisca al momento della giornata in cui avviene la scena descritta.

....

Punti 1 (0,5 per ogni risposta corretta)

A3 Nella frase «si è avvicinato a una comitiva di ragazzi sonnecchianti» (righe 5-6), che cosa significa «sonnecchianti»?

☐ A. Semiaddormentati
☐ B. Addormentati
☐ C. Che guardano divertiti
☐ D. Che guardano annoiati

Punti 1

A4 Per ciascuna delle azioni riportate nella colonna di sinistra, indica con una crocetta quali sono compiute dall'autore, quali dall'uomo, quali dalla donna e quali dal gruppo dei ragazzi. È possibile che la stessa azione sia compiuta da più soggetti.

Azioni	Compiuta dall'autore	Compiuta dall'uomo	Compiuta dalla donna	Compiuta dal gruppo dei ragazzi
a. Si irrita e rimprovera				
b. Distoglie lo sguardo				
c. Raccoglie la spazzatura in silenzio				
d. Fa il bagno				

Punti 1 (0,25 per ogni risposta corretta)

A5 Qual è l'idea centrale del testo?

☐ A. I giovani sono maleducati e pigri
☐ B. Le donne sono più intraprendenti degli uomini
☐ C. Le azioni sono più convincenti delle parole
☐ D. La natura è sempre più inquinata

Punti 1
Totale punti: ..../5

Parte prima - Testo B

Dal lato della strada

Quando ero piccolo, e andavo a scuola insieme a mio fratello, mia madre mi diceva di tenerlo per mano, e questo mi sembrava giusto e anche responsabile. Quello che non capivo è perché mi diceva sempre: «mi raccomando, quando passate per quella strada dove non c'è il marciapiede, mettiti sempre tu dal lato della strada, dove passano le automobili». Io lo facevo, e lo facevo con diligenza, ma ero molto dispiaciuto. Per me significava: «io spero che nessuna auto vi butti sotto, ma se proprio dovesse succedere, preferisco che muoia tu piuttosto che lui».

La cosa mi rendeva abbastanza agitato. Anche perché, ogni volta che le chiedevo un po' più di nutella nel panino, lei diceva che non era giusto, e che eravamo tutti uguali; e a quel punto non ho mai avuto il coraggio di risponderle: «e allora se siamo tutti uguali, la mattina dal lato della strada si mette chi capita, o facciamo una mattina per uno, così le possibilità di essere investiti sono alla pari».

Confesso che ho più volte avuto la tentazione di lasciare lui, dal lato della strada; ma mi mettevo una paura del diavolo, perché sono sicuro che se si fosse spiaccicato sotto un'auto, le avrei prese di brutto, perché sarebbe stato evidente che avevo lasciato lui dalla parte più pericolosa, disubbidendo. A dire la verità, avevo già preparato una scusa: avrei detto con voce incredula che era stata colpa di un pazzo che con il motorino aveva tentato di passare rasente il muro e aveva colpito in pieno mio fratello; questa spiegazione non soltanto mi sembrava credibile, ma mi avrebbe pure consentito di fare a mia madre una lezione morale, del tipo «in nessun luogo si può essere al sicuro quando il destino ha scelto, nemmeno dalla parte del muro».

Ora, che lui si spiaccicasse mi importava sì, ma fino a un certo punto, anche perché i miei precoci calcoli economici mi suggerivano che, rimanendo l'offerta di nutella alla stessa quantità e dimezzandosi la domanda con la dipartita di mio fratello, io avrei ricevuto chiari vantaggi, raddoppiando il fatturato. Ma anche le leggi economiche hanno il loro freno morale, e allora, nonostante il fatto che mentre pensavo queste cose con l'anca mi veniva da spingere leggermente mio fratello verso il centro della strada, poi la smettevo subito pensando al tradimento nei confronti di mia madre, alla punizione che avrei ricevuto facendo le dovute proporzioni. E cioè: se la pena per una parola sconcia era di due sberle e due ore chiuso in camera, figuriamoci quella per l'assassinio di mio fratello. E poi non avrei avuto più chi mi passava la palla mentre giocavo giù nel parco.

La verità però è un'altra: quello che mi premeva di più era non tradire mia madre; credevo molto in lei, nonostante preferisse che un parafango colpisse me piuttosto che mio fratello, e andavo a scuola come un eroe alla guerra pronto a sacrificarsi per la patria. Non appena svoltavamo l'angolo e scendevamo dal marciapiede, passavo mio fratello da una mano all'altra e lo tenevo dalla parte del muro, mentre io, con la tristezza nel cuore, mi tenevo dal lato della strada, e ogni volta che passava un'auto o una motocicletta chiudevo gli occhi e aspettavo che il vento mi colpisse in pieno viso, e ogni volta poi tiravo un sospiro di sollievo. Certi giorni mi ponevo addirittura il dilemma se non fosse una disubbidienza anche quella di arrivare sano e salvo a scuola, ma poi mi convincevo facilmente che esageravo, e mia madre aveva fatto solo una lista di preferenze, e non voleva proprio ammazzarmi.

Me ne rendevo conto in maniera chiara quando uscivo con lei e, rifacendo lo stesso percorso, mi teneva al riparo dalla strada con il suo corpo: faceva con me quello che aveva chiesto a me di fare con mio fratello. A quel punto rivalutai la mia posizione, pensando che se si sacrificava lei stessa, potevo farlo benissimo anch'io. Era un circolo: una volta protettore, una volta protetto. Però quello che non riuscivo a sopportare era che alla fine del circolo c'era mio fratello che non moriva mai perché non proteggeva nessuno, e all'inizio c'era, che so, mio nonno che rischiava la vita tutti i momenti, proteggendo tutti, e finivo per credere che camminasse sempre al centro della strada anche quando stava solo, non foss'altro che per il sollievo di sentirsi sollevato dall'incarico qualora un'auto l'avesse sollevato da terra.

Quando poi mio nonno morì per davvero, nel suo letto e non perché gli fosse passata sopra una Ferrari Testarossa, che io poi pensavo si chiamasse così per le conseguenze causate a quelli che investiva – anche se quando seppi del decesso chiesi a mia madre com'era avvenuto, sperando proprio che un'auto incurante delle leggi stradali avesse salito le scale e fosse penetrata fino a dentro la camera da letto colpendo in pieno mio nonno, così avrei potuto dire ancora una volta, col dito indice sollevato a rimprovero: «quale migliore esempio per capire che in nessun luogo si è davvero al sicuro quando il destino ha scelto, nemmeno nel proprio letto», e il destino per me aveva sempre la forma di un'auto impazzita nel centro storico; quando morì mio nonno, la situazione si fece più chiara perché mia nonna, non sua moglie, ma l'altra nonna che avevo, aveva detto il giorno dei funerali «e non era meglio che morivo io?», non per una scala di valori, s'intende, ma perché lei, diceva, aveva dieci anni di più, e sarebbe stato più giusto che fosse morta lei. Ragionamento impeccabile, che faceva luce su tutta la questione della vita, della morte e sul fatto che io dovessi stare dalla parte della strada quando uscivo con mio fratello e dalla parte del muro quando uscivo con mia madre. Pensavo anche che, secondo questa logica, prima che toccasse a me di stare sempre dal lato della strada, come era stato per mio nonno, mancava molto tempo, e allora mi sentivo rasserenato. [...]

(F. Piccolo, *Dal lato della strada*, in *Storie di primogeniti e figli unici*, Einaudi, Torino 2012)

B1 Il testo che hai letto è

- ☐ A. un testo narrativo
- ☐ B. un testo espositivo
- ☐ C. un saggio
- ☐ D. una cronaca

Punti 1

B2 **Nella frase «Io lo facevo, e lo facevo con diligenza» (riga 5), che cosa significa l'espressione «con diligenza»?**

- ☐ A. Con accuratezza
- ☐ B. Con piacere
- ☐ C. Con umiltà
- ☐ D. Con tranquillità

Punti 1

B3 **Perché il protagonista è dispiaciuto che la madre gli chieda di restare dal lato della strada?**

- ☐ A. Perché pensa che la madre si preoccupi in modo esagerato della sicurezza dei figli
- ☐ B. Perché pensa che la madre non dovrebbe permettere ai figli di andare a scuola da soli
- ☐ C. Perché pensa che la madre non protegga adeguatamente i suoi figli
- ☐ D. Perché pensa che la madre preferisca che muoia lui al posto di suo fratello

Punti 1

B4 **Nel testo riportato nella colonna di sinistra si possono individuare due diversi modi di riferire le parole dei personaggi: il discorso diretto e quello indiretto. Sottolineali e collegali con una freccia al tipo di discorso indicato nella colonna di destra.**

Testo	Modi di riferire le parole dei personaggi
«Anche perché, ogni volta che le chiedevo un po' più di nutella nel panino, lei diceva che non era giusto, e che eravamo tutti uguali; e a quel punto non ho mai avuto il coraggio di risponderle: "e allora se siamo tutti uguali, la mattina dal lato della strada si mette chi capita, o facciamo una mattina per uno, così le possibilità di essere investiti sono alla pari"» (righe 8-12)	**Discorso diretto** **Discorso indiretto**

Punti 1 (0,5 per ogni risposta corretta)

B5 **Quale esempio viene usato dal protagonista per dimostrare che la madre si contraddice? Scrivilo.**

....

....

Punti 1

B6 **Che cosa significa l'espressione «mi mettevo una paura del diavolo» (riga 14)?**

☐ A. Avevo paura che il diavolo mi punisse

☐ B. Avevo moltissima paura

☐ C. Mi veniva paura per colpa del diavolo

☐ D. Avevo un po' di paura

Punti 1

B7 **Distingui, tra le espressioni seguenti, quelle che appartengono a un registro linguistico quotidiano, tipico del parlato, da quelle che sono proprie di un modo di esprimersi più curato e formale.**

Metti una crocetta per ogni riga

Espressioni	Registro quotidiano (parlato)	Registro più curato e formale
a. «Certi giorni mi ponevo addirittura il dilemma» (righe 40-41)		
b. «"in nessun luogo si può essere al sicuro quando il destino ha scelto"» (righe 20-21)		
c. «con la dipartita di mio fratello» (riga 24)		
d. «le avrei prese di brutto» (riga 15)		
e. «se si fosse spiaccicato sotto un'auto» (righe 14-15)		
f. «A quel punto rivalutai la mia posizione» (riga 46)		

Punti 1,5 (0,25 per ogni risposta corretta)

B8 **Qual è la principale preoccupazione del protagonista quando pensa alla possibilità che il fratello venga investito?**

☐ A. Che il fratello possa farsi male

☐ B. Che il fratello possa morire

☐ C. Che la madre possa picchiarlo per la disubbidienza

☐ D. Che la madre lo costringa a stare due ore chiuso in camera

Punti 1

B9 **Qual è il vantaggio principale che il protagonista è convinto di ottenere nel caso in cui il fratello sia investito? Scrivilo.**

....

Punti 1

B10 a. Quali delle caratteristiche seguenti, secondo il testo, ha il protagonista?

Metti una crocetta per ogni riga

Caratteristiche del protagonista	Sì	No
a. È molto legato alla madre		
b. Litiga con il fratello		
c. Ha un forte senso della giustizia		
d. Protegge il fratello più piccolo di propria iniziativa		
e. È disubbidiente		
f. È geloso del fratello		

Punti 1,5 (0,25 per ogni risposta corretta)

b. Scegli una delle caratteristiche che hai appena attribuito al protagonista e trascrivi una frase del testo che vi faccia riferimento.

....

....

....

....

....

....

....

....

Punti 1

B11 La frase «E poi non avrei avuto più chi mi passava la palla mentre giocavo giù nel parco» (righe 31-32) dimostra che il protagonista

☐ A. prova gelosia nei confronti del fratello

☐ B. trova fastidiosa la compagnia del fratello

☐ C. è indifferente alla compagnia del fratello

☐ D. apprezza la compagnia del fratello

Punti 1

B12 Nella frase «Certi giorni mi ponevo addirittura il dilemma se non fosse una disubbidienza anche quella di arrivare sano e salvo a scuola» (righe 40-42), che cosa significa «dilemma»?

☐ A. Richiesta

☐ B. Dubbio

☐ C. Soluzione

☐ D. Esigenza

Punti 1

B13 Chi, secondo il protagonista, ha il compito di proteggere l'intera famiglia? Scrivilo.

....

Punti 1

B14 **Nella frase «non foss'altro che per il sollievo di sentirsi sollevato dall'incarico qualora un'auto l'avesse sollevato da terra» (righe 52-53), l'autore ha voluto creare un gioco di parole: tra quali termini? Scrivilo e spiegane il significato.**

....

....

Punti 1

B15 **Il protagonista pensa che la «Ferrari Testarossa» (riga 55) si chiami così perché**

☐ A. ha la carrozzeria rossa

☐ B. insanguina la testa di coloro che investe

☐ C. ha colpito alla testa il nonno e l'ha ucciso

☐ D. chi la guida indossa un casco rosso

Punti 1

B16 **In base al testo, indica quali sono i pensieri del protagonista dopo la morte del nonno.**

Metti una crocetta per ogni riga

Pensieri del protagonista dopo la morte del nonno	Sì	No
a. Spera che il nonno sia stato investito da un'auto		
b. Vorrebbe cogliere l'occasione per rimproverare la madre		
c. È convinto che quando è giunta l'ora non si possa stare sicuri in nessun luogo		
d. Preferirebbe che fosse morta la nonna		
e. Capisce che è giusto che muoiano prima gli uomini		
f. Capisce che è giusto che muoia prima chi è più anziano		
g. Pensa che non sia giusto che a volte lui debba stare dalla parte della strada		
h. È sollevato perché d'ora innanzi potrà stare sempre dalla parte del muro		

Punti 2 (0,25 per ogni risposta corretta)

B17 **Il testo ha lo scopo di**

☐ A. commuovere

☐ B. convincere

☐ C. divertire

☐ D. spaventare

Punti 1

Totale punti: ..../20

Parte prima - Testo C

Da dove viene il pane che mangiamo?

Le frasi che leggerai sono le frasi scomposte e disordinate di un testo compiuto.

a) Il pane è così sparito dalle attenzioni anche dei più scrupolosi consumatori.

b) Insomma, ad oggi, il consumatore non sa quale pane acquista: fresco, precotto, surgelato o magari di provenienza estera o conservato.

c) Intanto, nelle panetterie ha cominciato, in silenzio, a far capolino il pane precotto o surgelato con tanti saluti al pane artigianale sempre più difficile da riconoscere.

d) Per lungo tempo, forse troppo, il pane non ha avuto la giusta attenzione nonostante fosse per molte famiglie la base del pranzo e della cena.

e) L'interesse, infatti, è sempre stato rivolto altrove, al cosiddetto companatico, perché la fame, per fortuna, dagli anni '60 non costituiva più un problema.

f) Ne è derivata, dunque, una zona grigia, quella dell'informazione nel punto vendita, in cui scolora la distinzione tra pane fresco artigianale e pane derivato da prodotti surgelati intermedi (o simili) e surgelato (o precotto).

(adattato da D. Paolini, *Se il pane è «fresco» di freezer*, da "Domenica del Sole 24 Ore", 10 gennaio 2016)

C1 **Indica la sequenza corretta che ricompone l'ordine originario del testo numerando da 1 (la prima) a 6 (l'ultima) le frasi.**

Frasi	Ordine
a. Il pane è così sparito dalle attenzioni anche dei più scrupolosi consumatori.	
b. Insomma, ad oggi, il consumatore non sa quale pane acquista: fresco, precotto, surgelato o magari di provenienza estera o conservato.	
c. Intanto, nelle panetterie ha cominciato, in silenzio, a far capolino il pane precotto o surgelato con tanti saluti al pane artigianale sempre più difficile da riconoscere.	
d. Per lungo tempo, forse troppo, il pane non ha avuto la giusta attenzione nonostante fosse per molte famiglie la base del pranzo e della cena.	
e. L'interesse, infatti, è sempre stato rivolto altrove, al cosiddetto companatico, perché la fame, per fortuna, dagli anni '60 non costituiva più un problema.	
f. Ne è derivata, dunque, una zona grigia, quella dell'informazione nel punto vendita, in cui scolora la distinzione tra pane fresco artigianale e pane derivato da prodotti surgelati intermedi (o simili) e surgelato (o precotto).	

Totale punti: ....**/6** (1 per ogni risposta corretta)

Parte prima - Testo D

La verità sulle auto «che si guidano da sole»

Presto avremo autisti elettronici che ci porteranno dove ci pare e quando ci pare con la massima sicurezza, purché non debbano mai svoltare a sinistra fermando il traffico. Anche le mutevoli superfici stradali sono un problema. O la neve e il ghiaccio. Inoltre sarà essenziale stare alla larga da polizia stradale, veicoli di soccorso e pedoni. Tutti questi incontri, banali e quotidiani per i guidatori umani, pongono enormi problemi ai computer, e per risolverli ci vorranno tempo, denaro e molto lavoro. Eppure gran parte del pubblico si sta convincendo che i veicoli automatici sono dietro l'angolo. Da dove viene questa discrepanza? In parte, è un problema terminologico. [...] Case automobilistiche e media hanno seminato confusione nella terminologia dei sistemi di guida automatizzata. Per fare chiarezza, SAE International ha stilato definizioni per i diversi livelli di automazione, organizzandoli in base alla riduzione crescente del ruolo del guidatore umano.

	Ambiente monitorato dal guidatore umano			**Ambiente monitorato dal sistema**		
	0 **Nessuna automazione** Assenza di funzioni di assistenza alla guida, come cruise control adattivo.	**1** **Assistenza al guidatore** Sistemi che aiutano chi guida a mantenere la velocità o a rimanere nella sua corsia ma lasciano il controllo al guidatore.	**2** **Automazione parziale** Combinazione di controllo automatico della velocità e dello sterzo; per esempio, cruise control e mantenimento nella corsia di marcia.	**3** **Automazione condizionale** Sistemi che guidano il veicolo e sorvegliano l'ambiente ma contano sull'intervento umano in caso di bisogno.	**4** **Alta automazione** Sistemi automatici che fanno tutto, senza bisogno di supporto umano, ma solo in circostanze ben delimitate.	**5** **Automazione completa** Il vero autista elettronico: ha il pieno controllo del veicolo, senza bisogno di intervento umano e guida in tutte le condizioni.
Chi manovra il volante, accelera e decelera	Guidatore umano	Guidatore umano e sistema	Sistema	Sistema	Sistema	Sistema
Chi sorveglia l'ambiente di guida	Guidatore umano	Guidatore umano	Guidatore umano	Sistema	Sistema	Sistema
Chi prende il controllo quando qualcosa va storto	Guidatore umano	Guidatore umano	Guidatore umano	Guidatore umano	Sistema	Sistema
Quanta parte della guida, nel complesso, è assistita o automatizzata	Nessuna	Alcune modalità di guida	Alcune modalità di guida	Alcune modalità di guida	Alcune modalità di guida	Tutte le modalità di guida

Questa gerarchia presenta qualche sorpresa: per esempio l'automazione di livello 4 è di gran lunga più praticabile di quella di livello 3. Per i sistemi automatizzati di livello 5 – autisti elettronici in grado di gestire ogni condizione di guida senza interventi umani – ci vorranno ancora decenni.

(adattato da S.E. Shladover, *La verità sulle auto «che si guidano da sole»*, da "Le scienze", agosto 2016)

D1 Qual è l'idea centrale del testo?

- ☐ A. Bisogna diffidare dai veicoli automatici e investire in altri settori più redditizi
- ☐ B. È necessario essere ben informati sui veicoli automatici per evitare facili entusiasmi
- ☐ C. Le case automobilistiche diffondono false informazioni sulla guida automatizzata
- ☐ D. La chiarezza terminologica aiuta a superare la diffidenza verso i veicoli automatici

Punti 1

D2 Quale tra le seguenti espressioni può essere usata nel testo come sinonimo di «purché» (riga 2)?

- ☐ A. Dal momento che
- ☐ B. Per il fatto che
- ☐ C. A patto che
- ☐ D. Tranne che

Punti 1

D3 Riformula la frase «Inoltre sarà essenziale stare alla larga da polizia stradale, veicoli di soccorso e pedoni» (riga 4) sostituendo le parole «stare alla larga» in modo che il senso della frase resti invariato.

....

....

Punti 1

D4 Che cosa si intende con «discrepanza» alla riga 8?

- ☐ A. Al fatto che nonostante esistano già dei veicoli automatici, la gente non sembra interessata al fenomeno
- ☐ B. Al fatto che la gente è scettica riguardo ai veicoli automatici, mentre questi sono ormai in circolazione e rappresentano il futuro
- ☐ C. Al fatto che nonostante gli ostacoli lungo le strade siano stati ridotti, i veicoli automatici presentano ancora alcune criticità nel funzionamento
- ☐ D. Al fatto che la gente è convinta che veicoli completamente automatici saranno disponibili sul mercato in tempi brevi, mentre ci sono ancora molte criticità nel loro funzionamento

Punti 1

D5 Quale tra i seguenti verbi può essere usato nel testo come sinonimo di «stilare» (riga 10)?

☐ A. Accogliere
☐ B. Proporre
☐ C. Elaborare
☐ D. Difendere

Punti 1

D6 La classificazione di SAE International si basa

☐ A. sulla praticabilità dei diversi livelli di automazione
☐ B. sul costo crescente dei veicoli automatici
☐ C. sul grado d'intervento del guidatore umano
☐ D. sulla capacità dei veicoli di far fronte agli imprevisti

Punti 1

D7 Secondo la classificazione di SAE International, quale tra questi fattori distingue un'automazione parziale da un'automazione condizionale?

☐ A. La capacità del veicolo di far fronte agli imprevisti
☐ B. Il controllo dell'ambiente di guida affidato al sistema
☐ C. La possibilità di mantenere la velocità costante
☐ D. La totale assenza di controllo del guidatore umano

Punti 1

D8 L'automazione completa prevede che

☐ A. non ci siano più veicoli con guidatori umani
☐ B. ci siano strade specifiche per soli veicoli automatizzati
☐ C. non ci sia più bisogno dell'intervento umano nella gestione degli imprevisti
☐ D. il conducente umano non debba mai regolare la velocità del proprio veicolo

Punti 1

D9 Indica se le informazioni che seguono si ricavano dal testo, dalla figura o da entrambi.

Metti una crocetta per ogni riga

	Solo dal testo	**Solo dalla figura**	**Dal testo e dalla figura**
a. L'automazione di livello 4 può attuarsi solo in circostanze specifiche			
b. L'automazione di livello 3 è meno praticabile di quella di livello 4			
c. L'automazione di livello 5 necessita ancora di molti anni di lavoro			
d. L'automazione di livello 5 è in grado di gestire ogni condizione di guida senza intervento umano			

Punti 1 (0,25 per ogni risposta corretta)

Totale punti: ..../9

Parte prima - Testo E

Campi internazionali di volontariato

Come scegliere il campo giusto

Hai deciso che il volontariato internazionale fa per te? Sei pronto a partire per un campo di lavoro all'estero? Hai del tempo da donare per un mondo migliore e per fare amicizie in tutto il pianeta? Bene, ecco alcuni consigli per scegliere i progetti in maniera consapevole.

Per conoscere la procedura di iscrizione vai alla pagina Come Iscriversi

[...]

NOTA BENE

• È importante tenere presente che i campi nei Paesi lontani sono consigliabili solo a chi ha già esperienze precedenti o almeno 21 anni di età.

• Per i *teenager* esistono progetti specifici, soprattutto in Francia e Germania. I progetti per i minorenni hanno di norma una *extra-fee*, per coprire le spese del lavoro dei *group-leaders*, operatori sociali professionali.

[...]

• L'inglese è di norma la lingua dei campi; conoscere la lingua locale è utile per i progetti sociali e culturali, mentre per quelli che richiedono lavoro fisico anche la conoscenza scolastica dell'inglese è sufficiente. Comunque, dopo due o tre settimane di campo, avrai imparato molte nuove parole ed espressioni. Fai attenzione: se non selezioni la lingua nel motore di ricerca, controlla bene nella descrizione del progetto che non sia richiesta una lingua specifica o un certo livello di inglese.

La scelta dei progetti si basa sulle descrizioni che trovi nel database dei campi: qui troverai le info di base per capire cosa si farà, dove e a favore di chi. Una volta iscritto, circa un mese prima dell'inizio del tuo campo, riceverai il cosiddetto *infosheet*, che contiene molte informazioni sul contesto del progetto, le richieste specifiche (se portare qualcosa in particolare, ad esempio) e i dettagli per raggiungere il campo. L'organizzazione e le spese di viaggio sono a carico dei volontari, per cui, prima di iscriverti, verifica che i costi di viaggio non siano proibitivi per il tuo *budget*.

[...]

CAMPI APERTI ANCHE AI MINORENNI

Cultura

Il patrimonio culturale e archeologico è un bene comune che il volontariato può difendere e diffondere. Per questo molti progetti sono in favore di aree archeologiche o di istituzioni culturali con compiti di conservazione. I codici relativi sono: "Culture" (in senso largo), "Archeology" (scavi, in genere), "Arts" (legati a creatività ed espressività). Questi progetti vanno scelti se si vuole partecipare ad esperienze di arricchimento culturale e di conoscenza del patrimonio del Paese ospite.

Eventi e Festival

Le associazioni che organizzano festival, campagne e iniziative di sensibilizzazione, hanno spesso bisogno di volontari per la gestione degli eventi. Il codice relativo è "Festival". I campi richiedono compiti diversificati e possono essere fisicamente faticosi [...]. Meglio sapere l'inglese (o la lingua del Paese ospitante) abbastanza bene.

Ambiente e Agricoltura

[...]

Molte persone e comunità nel mondo lavorano ogni giorno per costruire una relazione virtuosa tra le attività umane e l'ambiente. Fattorie biologiche, comunità rurali, comitati di protezione di parchi e aree naturali sono gli scenari che ospitano i volontari interessati a conoscere progetti ambientalisti e di agricoltura biologica e sociali (codici "Environment" e "Agricolture"). Il lavoro è spesso faticoso e sempre all'aperto. Chi vuole faticare e conoscere esperienze di resistenza al modello produttivo e distruttivo dell'ambiente fa bene a scegliere questi campi.

Costruzione e Rinnovamento

Agli albori dei campi internazionali, subito dopo il primo conflitto mondiale, i progetti erano finalizzati alla ricostruzione post-bellica di chiese, spazi pubblici, case. Ancora oggi molte associazioni richiedono una mano ai volontari internazionali in lavori di costruzione e di manutenzione in favore di realtà sociali e non profit. Chi non ha paura di sporcarsi con la malta e la vernice fa bene a scegliere questi campi (codici "Construction" e "Renovation").

(adattato da www.lunaria.org)

E1 Qual è l'argomento di cui parla il testo?

☐ A. Come scegliere un campo internazionale di volontariato

☐ B. Dove si svolgono i campi internazionali di volontariato

☐ C. Come incoraggiare i *teenager* a fare volontariato

☐ D. I vantaggi del volontariato per i Paesi in difficoltà

Punti 1

E2 In base al testo, i minorenni che scelgono un campo internazionale devono orientarsi preferibilmente

☐ A. verso Paesi extraeuropei

☐ B. verso l'Italia

☐ C. verso Paesi europei

☐ D. verso la Francia

Punti 1

E3 Quali spese devono affrontare i volontari?

☐ A. Non pagano nulla e ricevono un compenso

☐ B. Tutte le spese sono sostenute dagli organizzatori

☐ C. Devono pagare il soggiorno e il viaggio

☐ D. Devono pagare l'organizzazione e il viaggio

Punti 1

E4 Nella frase «I progetti per i minorenni hanno di norma una *extra-fee*, per coprire le spese del lavoro dei *group-leaders*» (righe 11-13), che cosa significa «*extra-fee*»?

☐ A. Un capo gruppo

☐ B. Un costo aggiuntivo

☐ C. Una durata maggiore

☐ D. Una riduzione di prezzo

Punti 1

E5 Chi non ha paura di compiere un lavoro faticoso a quali campi può iscriversi? Scrivine almeno due.

....

Punti 1

Totale punti: ..../5

Parte seconda - Grammatica

F1 **Nelle frasi seguenti, inserisci in corrispondenza degli asterischi i segni di interpunzione corretti, scegliendoli tra quelli proposti al termine di ogni frase.**

a. Domandò: *A che ora è il nostro appuntamento?*. ,? () « »

b. I problemi del Paese sono di vario tipo* economici, culturali, sociali. ,;:-

c. Faremo visita a Lisbona* la capitale del Portogallo. :;() ,

d. Il derby Roma*Lazio è finito in parità. ,;:-

e. Ascolta la profondità del silenzio: che pace* ?.!;

f. A tutti i nostri ultimi appuntamenti è arrivato in ritardo* questa volta tuttavia si è presentato puntuale. !?;-

Punti 3 (0,5 per ogni risposta corretta)

F2 **Due delle frasi seguenti sono scritte scorrettamente: individuale e riscrivile nella forma corretta.**

☐ A. Glielo detto.

☐ B. Non c'è più tempo.

☐ C. Ho raccolto i mirtilli, vengo a portartene un po'.

☐ D. Non ce n'è siamo ricordati.

....

....

Punti 1 (0,25 per ogni frase individuata e 0,25 per ogni riscrittura corretta)

F3 **Sulle parole seguenti segna l'accento tonico nella posizione corretta, in modo da rispettare le indicazioni tra parentesi.**

a. Tenere (infinito del verbo)

b. Ancora (avverbio)

c. Ambito (spazio delimitato, settore)

d. Principi (criteri, norme)

Punti 1 (0,25 per ogni risposta corretta)

F4 Completa la tabella scrivendo l'infinito e la coniugazione delle seguenti forme verbali.

Forma verbale	Infinito	Coniugazione
a. hanno preso		
b. uscissero		
c. avendo detto		
d. corse		
e. apriste		
f. soddisfa		

Punti 3 (0,5 per ogni risposta corretta)

F5 Scrivi tra parentesi il tempo delle forme verbali evidenziate.

a. L'aeroplano **è decollato** (..) alle 20,30.

b. Anna **rispose** (..) in modo dettagliato.

c. Chissà chi **avrà vinto** (..) il torneo di Wimbledon!

d. **Ho ritrovato** (..) il libro che mi **avevi chiesto** (..).

e. A mio fratello **regalerò** (..) un orologio.

Punti 1,5 (0,25 per ogni risposta corretta)

F6 Tutti i periodi seguenti contengono frasi introdotte da «mentre». Indica per ciascuna se si tratta di una subordinata avversativa o temporale.

Metti una crocetta per ogni riga

Frasi	Avversativa	Temporale
a. Ho incontrato Luca mentre andavo a scuola.		
b. Aldo fa molto sport, mentre noi siamo sedentari.		
c. Conoscono bene l'inglese, mentre il francese lo capiscono appena.		
d. So che frequenti la terza, mentre dovresti già essere in quarta.		
e. Ho comperato questo ombrello mentre andavo alla stazione.		
f. Mentre mangi non devi parlare.		

Punti 1,5 (0,25 per ogni risposta corretta)

F7 In quale delle frasi seguenti la preposizione «in» introduce un complemento di fine o scopo?

☐ A. Mio fratello si è laureato in matematica.

☐ B. Giulia e Carlo da febbraio vivranno in Spagna.

☐ C. Anna e Luisa gareggiano in simpatia.

☐ D. Veniteci in aiuto!

Punti 1

F8 Nelle frasi seguenti, sostituisci le parole straniere scritte in corsivo con un sinonimo italiano (in alcuni casi è necessario cambiare il genere dell'articolo).

a. Giorgio per il suo compleanno darà un *party*. ....

b. Nella *band* è entrato un nuovo batterista. ....

c. Sabato vieni con me a fare *shopping*? ....

d. Partiremo venerdì sera per il *weekend*. ....

e. La *performance* dell'atleta è stata al di sopra di ogni aspettativa. ....

f. Sei *online*? Se ci sei, ti scrivo. ....

Punti 1,5 (0,25 per ogni risposta corretta)

F9 Leggi attentamente la voce che segue, tratta dal dizionario di italiano Devoto - Oli online.

Oltràlpe (ol-tràl-pe) o (raro) **oltr'alpe** [comp. di *oltra-* e *alpe*; 1388]. **A. avv.**: Di là delle Alpi, rispetto all'Italia (con riferimento generico agli Stati che si trovano oltre la catena alpina, spec. alla Francia): *andare, emigrare o.* **B.** in funzione di **s.m.** solo **sing.** (anche con iniziale maiuscola): Paese straniero situato al di là delle Alpi rispetto all'Italia: *popolazione d'o.; avvenimenti, novità, idee d'O.*

Usando le informazioni del dizionario date sopra, indica se le affermazioni seguenti sono vere o false.

Metti una crocetta per ogni riga

Oltralpe	Vero	Falso
a. Ha quattro sillabe		
b. Si può scrivere con l'apostrofo		
c. L'origine della parola risale al XIV secolo		
d. Può essere usata come avverbio e come sostantivo		
e. Il sostantivo si deve scrivere con la lettera maiuscola		
f. Usata come sostantivo, ha singolare e plurale		

Punti 1,5 (0,25 per ogni risposta corretta)

Totale punti: ..../15

Parte terza - Completamento

Completa il testo che segue, inserendo negli spazi vuoti le parole adatte (<u>una sola per ogni spazio</u>). Le parole devono essere appropriate dal punto di vista lessicale e sintattico ed essere coerenti con il significato complessivo del testo.

PRIMA DI INCOMINCIARE, LEGGI TUTTO IL TESTO.

La regola dei cinque secondi

La diffusa "regola dei cinque secondi" sostiene che il cibo finito per .... (1) e raccolto in fretta sia sicuro da mangiare, perché i batteri hanno .... (2) di tempo per passare dal pavimento al cibo. In diversi casi, però, la .... (3) sembrerebbe inattendibile. Il .... (4) caduto sul pavimento potrebbe, infatti, venire contaminato anche se raccolto nel giro di pochi istanti.

Per gli scienziati, l'idea che gli alimenti recuperati da terra .... (5) cinque secondi dalla caduta siano sicuri sarebbe sbagliata: a seconda dell'umidità del cibo e del tipo di superficie, il trasferimento dei microbi può infatti avvenire anche in meno di un .... (6).

Tale trasferimento sembra essere influenzato soprattutto dall'umidità: i microbi non hanno gambe, sfruttano l'umidità per .... (7); di conseguenza più il cibo è .... (8), maggiore è il rischio di contaminazione. Inoltre, tempi di contatto più lunghi comportano di solito il trasferimento di quantità .... (9) di batteri da qualsiasi tipo di superficie al cibo.

La "regola dei cinque secondi" non è dunque universale, ma .... (10) a seconda della qualità del cibo e del tipo di superficie.

(adattato da N. Comerci, *Cibo caduto a terra, inattendibile la "regola dei 5 secondi"*, da salute24.ilsole24ore.com)

Totale punti: ..../10

PROVA 4

Parte prima - Testo A

L'importanza del sonno

Nonostante oggi gli scienziati sostengano che neonati e bambini dovrebbero dormire più di quanto facevano in passato, il divario tra il riposo raccomandato e quello effettivamente trascorso è ben più ampio rispetto al passato. [...] Almeno un adolescente su quattro dorme meno delle nove ore consigliate. Così, prendendo in considerazione la letteratura scientifica più recente sull'argomento, i ricercatori dell'American Academy of Sleep Medicine hanno puntualizzato che «i bambini e gli adolescenti che dormono poco penalizzano inconsapevolmente lo sviluppo della memoria e dell'apprendimento». Dormire bene è importante a tutte le età, a maggior ragione in una fase in cui lo sviluppo cerebrale è in pieno svolgimento. La popolazione infantile è stata suddivisa in quattro fasce d'età. Entro i 2 anni, i bambini dovrebbero dormire almeno undici e non più di quattordici ore al giorno: compresi i sonnellini. Nella fascia d'età 3-5 anni dovrebbero riposare da dieci a tredici ore al giorno. Durante il periodo scolastico, fino a 12 anni, il tempo da dedicare al sonno dovrebbe essere compreso tra nove e dodici ore. Il tempo da dedicare al riposo scende a otto-dieci ore negli adolescenti (13-18 anni).

[...] Al giorno d'oggi i problemi di sonno colpiscono ben il 35-40 per cento dei bambini e ragazzi italiani. Questo accade spesso perché vanno a letto tardi o si svegliano troppo presto, per andare incontro alle esigenze familiari. Come aumentare le ore destinate al sonno? È possibile raggiungere tale risultato evitando innanzitutto l'impiego di telefoni cellulari, tv, tablet e altri dispositivi elettronici in camera da letto: sono fonte di una quantità eccessiva di raggi luminosi che non fanno altro che ritardare l'addormentamento. Altri consigli utili: meglio non programmare attività extrascolastiche troppo impegnative e mantenere una certa regolarità nelle ore di sonno e di veglia tra i giorni feriali e quelli festivi. Un'indicazione che torna utile con l'arrivo della bella stagione, in cui i bambini sono liberi dagli impegni scolastici. «Farli riposare e divertire è giusto, ma cambiare completamente le abitudini di una giornata può complicare il ritorno alla routine di settembre», chiosano gli esperti statunitensi.

(adattato da F. Di Todaro, *Gli adolescenti? «Dovrebbero dormire 8-10 ore per notte»*, da www.fondazioneveronesi.it)

A1 Nel primo periodo del testo (righe 1-3) si sostiene che oggi i ragazzi

☐ A. dormono un numero di ore uguale a quanto facevano in passato

☐ B. dormono un numero di ore superiore a quanto dovrebbero

☐ C. dormono il numero di ore raccomandato dagli scienziati

☐ D. dormono un numero di ore inferiore a quanto dovrebbero

Punti 1

A2 **Perché nel testo la frase «i bambini e gli adolescenti che dormono poco penalizzano inconsapevolmente lo sviluppo della memoria e dell'apprendimento» (righe 6-8) è tra virgolette?**

- ☐ A. Perché riporta le parole dei ricercatori dell'American Academy of Sleep Medicine
- ☐ B. Perché espone la tesi centrale del brano
- ☐ C. Perché l'autore sta utilizzando il discorso diretto
- ☐ D. Perché è una tesi erronea, che verrà successivamente confutata

Punti 1

A3 **Nel periodo «Dormire bene è importante a tutte le età» (riga 8), il predicato «è importante»**

- ☐ A. ha un soggetto sottinteso
- ☐ B. ha un infinito come soggetto
- ☐ C. non ha soggetto perché non è un predicato
- ☐ D. è una costruzione nominale

Punti 1

A4 **Alla riga 10 l'espressione «entro i» può essere sostituita con**

- ☐ A. nei
- ☐ B. all'interno dei
- ☐ C. fino ai
- ☐ D. sotto i

Punti 1

A5 **Indica se le affermazioni seguenti sono vere o false rispetto a quanto si legge nel testo.**

Metti una crocetta per ogni riga

	Vero	Falso
a. Un bambino di un anno dovrebbe dormire tra le undici e le quattordici ore, oltre ai sonnellini		
b. A un bambino di sette anni possono bastare dieci ore di sonno		
c. Durante il periodo scolastico, a un bambino di dodici anni possono bastare otto ore di sonno		
d. Le ore di sonno raccomandate si riducono con l'aumentare dell'età		

Punti 1 (0,25 per ogni risposta corretta)

A6 **La frase «evitando innanzitutto l'impiego di telefoni cellulari, tv, tablet e altri dispositivi elettronici in camera da letto» (righe 19-20), il gerundio indica**

☐ A. un'azione che si oppone a quanto viene affermato nella proposizione reggente

☐ B. la conseguenza di ciò che si afferma nella proposizione reggente

☐ C. il mezzo attraverso cui si realizza quanto espresso nella proposizione reggente

☐ D. un'eccezione rispetto a quanto è espresso nella proposizione reggente

Punti 1

A7 **Nel testo l'espressione «bella stagione» (riga 25) sostituisce il termine «estate», di cui è**

☐ A. una perifrasi

☐ B. un'iperbole

☐ C. una similitudine

☐ D. un iponimo

Punti 1

A8 **Quale tra i verbi che seguono può essere usato nel testo come sinonimo di «chiosare» (riga 27)?**

☐ A. Confutare

☐ B. Spiegare

☐ C. Obiettare

☐ D. Proporre

Punti 1

A9 **Il testo che hai letto è un testo prevalentemente**

☐ A. descrittivo

☐ B. narrativo

☐ C. espositivo

☐ D. regolativo

Punti 1

Totale punti: ..../9

Parte prima - Testo B

Il «noi» di Crabas

A Maurizio le feste parrocchiali piacevano perché si mangiavano cose proibite nel resto dell'anno – la vista del rubinetto del gelato espresso bigusto e l'odore dello zucchero filato gli annegavano la lingua nell'acquolina – ma soprattutto perché arrivavano decine di bancarelle piene di nuovi modelli di fucili spara-acqua, indispensabile status symbol nei combattimenti tra ragazzi lungo lo stagno. Amava nascondersi tra i carri dei giostrai per spiarli mentre montavano le attrazioni più affascinanti: gli apparecchietti, l'autoscontro, la casa degli orrori e il tagadà.

Nonno Giacomo il sabato della festa era convinto di costruire solidarietà tra maschi regalandogli dieci gettoni per salire sui giochi e invitarci gli amici, ma a Maurizio quel numero esiguo pareva il minimo sindacale; poi nonna Cristina si lasciava cogliere da indulgenza femminile e in segreto gli dava i soldi per comprarsene altri dieci. Così, alla fine, il fatto di essere nipote di due che si credevano uno più furbo dell'altra gli fruttava il doppio dei gettoni, aumentando parecchio le possibilità di essere accolto dai compagni di giochi.

Non ci voleva molto, in effetti. Bastava adattarsi a quella cosa del «noi», una parola che tutte le bocche declinavano in continuazione come fosse la spiegazione stessa del mondo.

A Maurizio non veniva così facile dire «noi», perché non c'è plurale nel mondo di un figlio unico, educato dalla solitudine a diventare per sempre l'unica misura di sé stesso. A Crabas col «noi», invece, bisognava farci i conti, perché i suoi nonni, i vicini di casa dei nonni, i loro figli e i bambini dei loro figli parlavano tutti di sé al plurale con la ronzante fluidità di uno sciame d'api intorno all'alveare.

«Come siamo diventati grandi!» diceva per esempio l'amica di sua nonna, signora Anna Maria, facendolo arrossire di vergogna mentre gli accarezzava la testa come si fa con i cani. Eppure, per quel che Maurizio poteva ricordare, la donna era grande tale e quale all'anno prima. Solo lui era cresciuto nel frattempo.

[...]

Ma era soprattutto dagli altri ragazzi che Maurizio sentiva usare il noi con quell'accezione densa, piena di respiri comuni.

«Non ci diamo proprio per vinti, eh?» gli aveva detto una volta Giulio, il figlio del vigile urbano, mentre lo guardava con la fionda stretta tra le mani prendere per l'ennesima volta la mira sulla lattina vuota poggiata in piedi sull'argine dello stagno, proprio dietro alla chiesa di Santa Maria.

Maurizio aveva distratto gli occhi dal bersaglio e aveva fissato il ragazzo più grande per qualche istante, come se anche la risposta richiedesse una buona dose di mira. A diventare amico di Giulio ci aveva messo più di dieci giorni, e ora rischiava di giocarsi tutto in un istante. Con il cuore che gli batteva forte dalla paura di sbagliare, aveva mormorato spavaldo: «Non siamo mica gente che si arrende, noi».

Giulio a quel punto gli aveva sorriso e poi il sasso lanciato dalla fionda era andato dritto sulla lattina, facendola cadere giù dal costone dell'argine con un suono acuto e pieno di riverberi. Il ragazzo più grande aveva mormorato un'imprecazione passandosi una mano nei capelli scuri con un gesto incredulo, poi lo aveva applaudito forte. Era stato in quel momento che Maurizio aveva smesso di chiedersi cosa volesse dire «noi» a Crabas. Non era un pronome come negli altri posti, ma la cittadinanza di una patria tacita dove tutto il tempo condiviso si declinava così, al presente plurale.

(M. Murgia, *L'incontro*, Einaudi, Torino 2012)

B1 **Il testo che hai letto è**

☐ A. una cronaca

☐ B. un testo teatrale

☐ C. una sceneggiatura

☐ D. un testo narrativo

Punti 1

B2 **In base al contenuto, il testo può essere diviso in tre parti: dall'inizio a «compagni di giochi» (riga 14); da «Non ci voleva molto» (riga 15) a «era cresciuto nel frattempo» (riga 25) e da «Ma era soprattutto dagli altri ragazzi» (riga 27) alla fine. Completa lo schema seguente collegando con una freccia ciascuna parte alla corretta sintesi del suo contenuto.**

1. Nella prima parte	a. è descritto il rapporto difficile di Maurizio con i nonni
	b. è descritto il desiderio di Maurizio di divertirsi
2. Nella seconda parte	a. si parla dell'abitudine a Crabas di dire «noi»
	b. si spiegano le ragioni per cui a Crabas tutti dicono «noi»
3. Nella terza parte	a. si racconta di quando Maurizio rafforza l'amicizia con Giulio usando il «noi»
	b. si racconta di quando Giulio impreca contro Maurizio perché usa il «noi»

Punti 1,5 (0,5 per ogni risposta corretta)

B3 **Quali cose si potevano mangiare soltanto durante le feste parrocchiali?**

....

Punti 1

B4 **Nella frase «arrivavano decine di bancarelle piene di nuovi modelli di fucili spara-acqua, indispensabile status symbol nei combattimenti tra ragazzi lungo lo stagno» (righe 3-5), che cosa significa «status symbol»?**

☐ A. Arma giocattolo
☐ B. Gioco idraulico
☐ C. Simbolo di aggressività
☐ D. Simbolo di prestigio

Punti 1

B5 **Mentre si montavano le giostre a Maurizio piaceva**

☐ A. andare a giocare allo stagno
☐ B. guardare di nascosto i giostrai
☐ C. prendersi un gelato bigusto
☐ D. comprare un fucile giocattolo

Punti 1

B6 **A proposito dei gettoni per salire sulle giostre, nonno Giacomo, nonna Cristina e Maurizio hanno opinioni e comportamenti diversi. Indica se le affermazioni seguenti sono vere o false.**

Metti una crocetta per ogni riga

Riguardo ai gettoni per salire sulle giostre	Vero	Falso
a. nonno Giacomo pensa che sia meglio che il nipote abbia pochi gettoni		
b. nonno Giacomo è convinto di fare un bel regalo al nipote comprandogli dieci gettoni		
c. nonna Cristina dà al nipote i soldi per comprare ancora dieci gettoni		
d. nonna Cristina dà al nipote i soldi perché non sa che ha già dieci gettoni		
e. Maurizio pensa che dieci gettoni siano appena sufficienti		
f. Maurizio sa che con venti gettoni potrà più facilmente essere accolto dagli amici		

Punti 3 (0,5 per ogni risposta corretta)

B7 **Perché tutti a Crabas dicono «noi»?**

Metti una crocetta per ogni riga

Tutti dicono «noi» perché	Vero	Falso
a. sono figli unici e vogliono sentirsi meno soli		
b. è un modo per esprimere il senso di appartenenza alla comunità		
c. vogliono evidenziare che tutto ciò che appartiene a qualcuno diventa proprietà di tutti		
d. sottolineano il legame tra persone che condividono tempo ed esperienze		

Punti 2 (0,5 per ogni risposta corretta)

B8 **L'espressione «con la ronzante fluidità di uno sciame d'api intorno all'alveare» (righe 20-21) indica che le persone del paese**

- ☐ A. parlano tutte insieme in modo confuso
- ☐ B. hanno voci acute e sgradevoli
- ☐ C. usano con naturalezza lo stesso modo di esprimersi
- ☐ D. cercano con insistenza di prevalere l'una sull'altra

Punti 1

B9 **Qual è l'equivoco in cui cade Maurizio quando l'amica di sua nonna gli dice «"Come siamo diventati grandi!"» (riga 22)?**

- ☐ A. Pensa che la donna si riferisca sia a lui sia a se stessa
- ☐ B. Pensa che la donna si riferisca soltanto a se stessa
- ☐ C. Pensa che la donna si riferisca soltanto a lui
- ☐ D. Pensa che la donna si riferisca a tutti i bambini del paese

Punti 1

B10 **Nella frase «Ma era soprattutto dagli altri ragazzi che Maurizio sentiva usare il noi con quell'accezione densa, piena di respiri comuni» (righe 27-28), che cosa significa la parola «accezione»?**

- ☐ A. Intenzione
- ☐ B. Accettazione
- ☐ C. Significato
- ☐ D. Pronuncia

Punti 1

B11 In base al testo, quali caratteristiche possono essere attribuite a Maurizio e quali a Giulio?

Metti una crocetta per ogni riga

Caratteristiche	Maurizio	Giulio
a. Desidera fare amicizia con gli altri ragazzi		
b. Insiste fino a quando non ottiene il risultato sperato		
c. È maggiore d'età		
d. È disposto a riconoscere la bravura del compagno		
e. È figlio di un vigile urbano		
f. È figlio unico		
g. Attribuisce grande importanza al giudizio del compagno		

Punti 3,5 (0,5 per ogni risposta corretta)

B12 Scrivi un'espressione del testo dalla quale si capisca che Maurizio non rinuncia a ottenere ciò che si propone, nonostante gli errori.

....

....

....

Punti 1

B13 Che cosa significa suono «pieno di riverberi» (riga 40)?

☐ A. Con molte risonanze

☐ B. Molto sgradevole

☐ C. Privo di acuti

☐ D. Con toni sommessi

Punti 1

B14 Qual è l'idea centrale del testo?

☐ A. Maurizio non riesce a inserirsi tra la gente di Crabas perché, essendo figlio unico, non impara a usare il «noi» come la gente del paese

☐ B. Maurizio si sente inserito tra la gente di Crabas nel momento in cui impara a usare il «noi», il pronome con cui la comunità del paese parla di sé

☐ C. Maurizio vive tra la gente di Crabas come un estraneo perché è considerato diverso dagli altri ragazzi del paese ed è costretto a giocare da solo

☐ D. Il «noi» è il pronome con cui Maurizio e Giulio parlano della loro amicizia appena nata, distinguendosi così da tutti gli altri ragazzi del paese

Punti 1

Totale punti: ..../20

Parte prima - Testo C

Sempre assorto in me stesso e nel mio mondo

Sempre assorto in me stesso e nel mio mondo
come in sonno tra gli uomini mi muovo.
Di chi m'urta col braccio non m'accorgo,
e se ogni cosa guardo acutamente
quasi sempre non vedo ciò che guardo.
Stizza mi prende contro chi mi toglie
a me stesso. Ogni voce m'importuna.
Amo solo la voce delle cose.
M'irrita tutto ciò che è necessario
e consueto, tutto ciò che è vita,
com'irrita il fuscello la lumaca
e com'essa in me stesso mi ritiro.

Ché la vita che basta agli altri uomini
non basterebbe a me.
E veramente
se un altro mondo non avessi, mio,
nel quale dalla vita rifugiarmi,
se oltre le miserie e le tristezze
e le necessità e le consuetudini
a me stesso non rimanessi io stesso,
oh come non esistere vorrei!
Ma un'impressione strana m'accompagna
sempre in ogni mio passo e mi conforta:
mi pare di passare come per caso
da questo mondo...

(C. Sbarbaro, *Pianissimo*, Marsilio, Venezia 2001)

C1 **Nei primi cinque versi della poesia, il poeta descrive il proprio stato d'animo. Quale dei seguenti aggettivi ti pare riassumerlo meglio?**

☐ A. Irritato
☐ B. Trasognato
☐ C. Agitato
☐ D. Interessato

Punti 1

C2 **a. Nei versi 4-5 «e se ogni cosa guardo acutamente / quasi sempre non vedo ciò che guardo», come si potrebbe sostituire «se» mantenendo nella frase la stessa sfumatura di significato?**

☐ A. Anche se
☐ B. Affinché
☐ C. Poiché
☐ D. Mentre

Punti 1

b. In base al testo, che cosa intende dire il poeta con l'espressione «quasi sempre non vedo ciò che guardo» (v. 5)?

☐ A. Che ha occhi molto miopi, incapaci di vedere le cose lontane e anche quelle osservate troppo da vicino
☐ B. Che ha occhi talmente carichi di sonno e stanchi che non riescono a mettere a fuoco le cose intorno
☐ C. Che ha uno sguardo talmente attento ai particolari delle cose che non riesce a vederle nel loro insieme
☐ D. Che ha uno sguardo talmente concentrato su di sé che è incapace di posarsi oltre la superficie delle cose

Punti 1

C3 **In quale situazione il poeta rappresenta se stesso?**

☐ A. Mentre dorme nella sua casa
☐ B. Mentre osserva un paesaggio triste
☐ C. Mentre cammina tra la gente
☐ D. Mentre sta chiuso nella sua stanza

Punti 1

C4 **a. Il poeta paragona se stesso a un animale, quale?**

....

Punti 1

b. In che cosa il comportamento del poeta assomiglia a quello dell'animale a cui si paragona? Scrivilo.

....

Punti 1

C5 **Per tre volte nella poesia, ai versi 1, 16 e 25, il poeta usa la parola «mondo». In quali casi si riferisce al mondo esterno e in quali a quello interiore del poeta?**

Metti una crocetta per ogni riga

Espressione	Riferita al mondo esterno	Riferita al mondo interiore del poeta
a. «nel mio mondo» (v. 1)		
b. «un altro mondo» (v. 16)		
c. «questo mondo» (v. 25)		

Punti 1,5 (0,5 per ogni risposta corretta)

C6 **a. Indica la serie formata da parole della poesia che si riferiscono tutte alla stessa area di significato.**

- ☐ A. «sonno», «voce», «mi muovo»
- ☐ B. «Stizza», «m'importuna», «M'irrita»
- ☐ C. «uomini», «miserie», «tristezze»
- ☐ D. «assorto», «rifugiarmi», «consuetudini»

Punti 1

b. Quale stato d'animo del poeta è evidenziato dalla serie di parole che hai scelto?

- ☐ A. Indifferenza
- ☐ B. Angoscia
- ☐ C. Irritazione
- ☐ D. Commozione

Punti 1

C7 **Considera l'esclamazione «oh come non esistere vorrei!» (v. 21). Il poeta vorrebbe non esistere se**

- ☐ A. il mondo fosse pieno di miserie e di tristezze
- ☐ B. non potesse rifugiarsi nel proprio mondo interiore
- ☐ C. non gli restasse nella vita altro che se stesso
- ☐ D. non potesse rifugiarsi nelle tranquillizzanti consuetudini

Punti 1

C8 **a. In base al testo, indica quali caratteristiche il poeta attribuisce alla «vita» che disprezza (vv. 10, 13, 17) e quali no.**

Metti una crocetta per ogni riga

Caratteristiche della «vita» disprezzata dal poeta	Sì	No
a. Dinamismo		
b. Variabilità		
c. Ripetitività		
d. Pericolosità		
e. Costrizione		
f. Infelicità		

Punti 1,5 (0,25 per ogni risposta corretta)

b. Riscrivi due delle caratteristiche della vita che hai appena indicato e per ognuna trascrivi una parola che nella poesia vi faccia riferimento.

....

....

Punti 2 (1 per ogni parola riportata correttamente)

C9 **Che cosa oppone il poeta alla propria insoddisfazione per la vita?**

☐ A. L'impegno a migliorarla
☐ B. La fratellanza con gli altri uomini
☐ C. Il rifiuto di uomini e animali
☐ D. La chiusura nella propria interiorità

Punti 1

C10 **Con quale parola puoi sostituire «Ché» (v. 13) mantenendo lo stesso significato?**

☐ A. Perché
☐ B. Benché
☐ C. Affinché
☐ D. Sicché

Punti 1

C11 **a. Trascrivi nella colonna di sinistra le espressioni che contengono la parola «stesso» presenti nella poesia e indica nella colonna di destra i versi in cui si trovano.**

Espressione	Verso in cui si trova
Es. «in me stesso»	v. 1
a.	
b.	
c.	
d.	

Punti 2 (0,5 per ogni risposta corretta)

b. La frequente ripetizione, nella poesia, delle espressioni che contengono la parola «stesso» indica che il poeta

- ☐ A. riconosce di non potersi sottrarre a un atteggiamento infantile ed egocentrico
- ☐ B. vuole sottolineare come sia grande l'importanza che gli altri gli attribuiscono
- ☐ C. attribuisce una primaria importanza alla fuga nel proprio mondo interiore
- ☐ D. desidera evidenziare che la propria infelicità ha origine dal proprio egoismo

Punti 1

C12 Quale tra le espressioni seguenti della poesia non è una similitudine?

- ☐ A. «come in sonno» (v. 2)
- ☐ B. «com'irrita il fuscello la lumaca» (v. 11)
- ☐ C. «com'essa in me stesso mi ritiro» (v. 12)
- ☐ D. «come non esistere vorrei» (v. 21)

Punti 1

Totale punti: ..../20

Parte prima - Testo D

Pagati per giocare ai videogames. Ecco come

Le frasi che leggerai sono le frasi scomposte e disordinate di un testo compiuto.

a) Un sogno, invece, per le persone appassionate di videogiochi, con un occhio per i dettagli e una buona cultura del settore.

b) È necessaria anche una competenza basica di Excel®, ma, soprattutto, dovete essere disposti a giocare al computer per 8 ore al giorno, una prospettiva che per alcuni potrebbe però rivelarsi un incubo.

c) Una società inglese, con base a Londra, cerca infatti un italiano che provi una serie di giochi tradotti nella lingua di Dante.

d) In caso contrario bisognerà segnalare eventuali problemi e suggerire delle soluzioni nella traduzione, ragion per cui è richiesta un'ottima conoscenza della lingua inglese.

e) Il vostro compito sarà assicurarvi che la traduzione della parte testuale sia corretta e adatta al contesto, in poche parole che "suoni" bene alle vostre orecchie di madrelingua italiano.

f) Per tutti gli appassionati italiani di videogames esiste un lavoro che assomiglia al paradiso: ricevere uno stipendio per stare davanti a uno schermo.

(adattato da quifinanza.it)

D1 **Indica la sequenza corretta che ricompone l'ordine originario del testo numerando da 1 (la prima) a 6 (l'ultima) le frasi.**

Frasi	Ordine
a. Un sogno, invece, per le persone appassionate di videogiochi, con un occhio per i dettagli e una buona cultura del settore.	
b. È necessaria anche una competenza basica di Excel®, ma, soprattutto, dovete essere disposti a giocare al computer per 8 ore al giorno, una prospettiva che per alcuni potrebbe però rivelarsi un incubo.	
c. Una società inglese, con base a Londra, cerca infatti un italiano che provi una serie di giochi tradotti nella lingua di Dante.	
d. In caso contrario bisognerà segnalare eventuali problemi e suggerire delle soluzioni nella traduzione, ragion per cui è richiesta un'ottima conoscenza della lingua inglese.	
e. Il vostro compito sarà assicurarvi che la traduzione della parte testuale sia corretta e adatta al contesto, in poche parole che "suoni" bene alle vostre orecchie di madrelingua italiano.	
f. Per tutti gli appassionati italiani di videogames esiste un lavoro che assomiglia al paradiso: ricevere uno stipendio per stare davanti a uno schermo.	

Totale punti: ………………/6 (1 per ogni risposta corretta)

Parte prima - Testo E

Il bosone di Higgs

Come funziona il campo di Higgs | Alla ricerca della particella che dà la massa alla materia

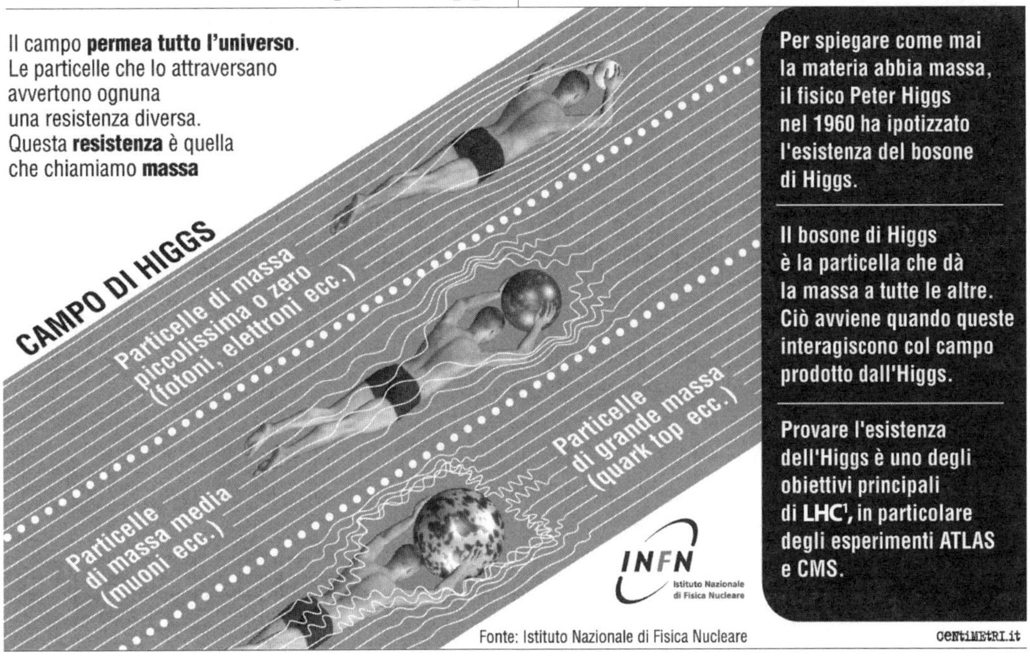

Fonte: Istituto Nazionale di Fisica Nucleare

1. LHC: abbreviazione di *Large Hadron Collider*, in italiano "grande collisore di adroni", un acceleratore di particelle situato presso il CERN di Ginevra (Organizzazione Europea per la Ricerca Nucleare).

Domande relative al bosone di Higgs

1) Che cos'è il bosone di Higgs?

È una particella davvero speciale, perché conferisce il dono della sostanza a tutte le cose. I fisici la chiamano massa ed è la proprietà fondamentale di tutto ciò che esiste. Se non avessimo massa – se non l'avessero gli atomi, cioè i protoni, i neutroni, gli elettroni di cui noi stessi siamo costituiti – saremmo solo particelle che schizzano nel vuoto alla velocità della luce. Saremmo videogiochi, non realtà consistenti. Invece, dal momento che tutte le particelle elementari interagiscono con il bosone di Higgs, allora la materia assume la sua consistenza, la sua massa.

2) È sempre stato così, fin dal Big Bang?

No, non è sempre stato così: nei primissimi istanti dell'Universo tutto era troppo caldo perché il bosone di Higgs potesse fare il suo lavoro. Poi l'Universo si è raffreddato (era trascorso un decimo di miliardesimo di secondo dal Big Bang) e ha avuto luogo una delle trasformazioni più drammatiche di tutta la sua storia: è comparso il bosone di Higgs, con il suo campo diffuso ovunque, e ha cambiato la simmetria del mondo. Sono nate le particelle con la loro massa.

3) Perché si parla di bosone di Higgs e di campo di Higgs?
Perché il bosone di Higgs è una particella, ma anche un campo (diffuso ovunque nello spazio) attraverso cui passano le altre particelle, cioè gli elettroni, i quark, i fotoni... Tutte queste particelle, tranne i fotoni, vengono rallentate dal campo di Higgs: è come se ci fosse un attrito tra loro e il campo. Queste particelle non viaggiano più alla velocità della luce (tranne i fotoni), perché si sono "appesantite", cioè hanno acquistato massa. Alcune sono rallentate moltissimo e hanno assunto quindi una massa grande, come il quark top o il bosone W, altre invece attraversando il campo più velocemente, rimangono più leggere, come ad esempio gli elettroni.

(adattato da *FAQ relative al bosone di Higgs*, da www.infn.it)

E1 **Che cos'è la massa?**

☐ A. Un tipo più pesante di particella
☐ B. L'attrito delle particelle tra loro
☐ C. La consistenza di tutte le cose
☐ D. Il vuoto in cui navigano tutte le cose

Punti 1

E2 **Dove si trova il campo di Higgs?**

☐ A. Soltanto nel mare
☐ B. Soltanto dove ci sia acqua
☐ C. Ovunque nello spazio
☐ D. Ovunque tranne che nell'acqua

Punti 1

E3 **Quando è comparso il bosone di Higgs?**

☐ A. Dopo il Big Bang
☐ B. Durante il Big Bang
☐ C. Prima del Big Bang
☐ D. I fisici non sono in grado di dirlo

Punti 1

E4 **Nella figura si legge: «Il bosone di Higgs è la particella che dà la massa a tutte le altre. Ciò avviene quando queste interagiscono col campo prodotto dall'Higgs». Che cosa significa la parola «interagiscono»?**

☐ A. Si separano
☐ B. Si annullano
☐ C. Si irrigidiscono
☐ D. Vengono a contatto

Punti 1

E5 **Alcune delle informazioni seguenti sono nominate soltanto nel testo, altre nel testo e nella figura, altre soltanto nella figura. Quali?**

Metti una crocetta per ogni riga

Informazioni	**Se ne parla solo nel testo**	**Se ne parla solo nella figura**	**Se ne parla nel testo e nella figura**
a. L'esistenza del bosone di Higgs è stata ipotizzata dal fisico Peter Higgs nel 1960			
b. Uno degli obiettivi della ricerca è provare che esiste il bosone di Higgs			
c. Il bosone di Higgs è una particella e anche un campo			
d. Quando le particelle incontrano il campo di Higgs acquisiscono massa			
e. Se non avessimo massa saremmo particelle che si muovono nel vuoto alla velocità della luce			
f. Tra le particelle di grande massa c'è il quark top			

Punti 3 (0,5 per ogni risposta corretta)

E6 **Qual è la fonte da cui provengono le informazioni del grafico? Trascrivila.**

....

Punti 1

E7 **Quali particelle non vengono rallentate dal campo di Higgs? Scrivilo.**

....

Punti 1

E8 **Il bosone di Higgs è**

☐ A. una particella che dà consistenza alla materia

☐ B. una particella che viaggia alla velocità della luce

☐ C. una particella che ha dato origine al Big Bang

☐ D. una particella dalla temperatura molto alta

Punti 1

Totale punti: ..../10

Parte seconda - Grammatica

F1 Riscrivi le espressioni che seguono, sostituendo l'apostrofo con la parte mancante (es. All'indirizzo → *allo indirizzo*).

a. Fa' presto ....

b. Va be' ....

c. Di' tutto quello che pensi ....

d. A mo' di divisa ....

Punti 1 (0,25 per ogni risposta corretta)

F2 Quale tra le frasi seguenti è scritta in modo corretto?

☐ A. Versami, per favore, un pò d'acqua, se ce n'è ancora.

☐ B. Versami, per favore, un po' d'acqua, se c'è n'è ancora.

☐ C. Versami, per favore, un po' d'acqua, se ce n'è ancora.

☐ D. Versami, per favore, un po' d'acqua, se ce ne ancora.

Punti 1

F3 Accanto a ciascuno dei nomi seguenti sono scritte due forme di plurale; individua e sottolinea quella corretta.

a. Tempio — tempi / templi

b. Uovo — uova / uovi

c. Gorilla — gorilli / gorilla

d. Dialogo — dialogi / dialoghi

e. Specie — speci / specie

f. Superficie — superfici / superficie

Punti 1,5 (0,25 per ogni risposta corretta)

F4 Tra le coppie seguenti di espressioni individua e sottolinea quella con la costruzione corretta.

a. Secondo il mio parere / secondo al mio parere

b. Dietro di sé / dietro sé

c. Senza gli occhiali / senza agli occhiali

d. Contro della parete / contro la parete

e. Verso la primavera / verso alla primavera

f. Lungo alla ferrovia / lungo la ferrovia

Punti 1,5 (0,25 per ogni risposta corretta)

F5 **Nelle frasi che seguono i pronomi evidenziati sostituiscono parole o espressioni usate prima. Per ciascuna frase scrivi la parola o l'espressione a cui si riferisce il pronome. Osserva bene l'esempio.**

Frase	Parola o espressione sostituita dal pronome
Es. Pensavo che Carlo fosse antipatico, invece non **lo** è.	*antipatico*
a. Dario e Silvia non sanno del mio arrivo; **li** avviserò domani.	
b. «Vai in biblioteca?» «Sì, **ci** vado domani.»	
c. Farò le vacanze in Olanda, non **lo** sapevi?	
d. Mi hanno portato una torta di frutta: **ne** vuoi una fetta?	

Punti 1 (0,25 per ogni risposta corretta)

F6 **In quale delle frasi seguenti c'è un verbo passivo?**

☐ A. Alla fine della partita i giocatori si scambiano le maglie.
☐ B. Gli spettatori sono entrati nello stadio.
☐ C. Quando ho visto Giovanni gli sono corso incontro.
☐ D. Il volo per Londra è stato cancellato all'ultimo minuto.

Punti 1

F7 **Nel periodo seguente (frase complessa), sono state separate le proposizioni: «Antonio sorrise / e abbracciò Carlo / che gli aveva chiesto scusa / e si era mostrato assai pentito». Riscrivi le proposizioni nello schema, una per ogni casella, tenendo conto dei rapporti di coordinazione e di subordinazione (una casella è già stata riempita).**

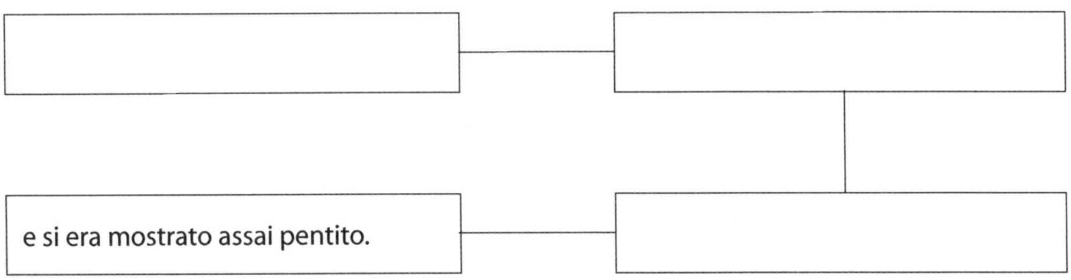

Punti 1,5 (0,5 per ogni risposta corretta)

F8 **Nella frase «Durante i mesi caldi è bene alimentarsi con dosi maggiori di frutta e bere molta acqua: le alte temperature infatti disidratano l'organismo», che cosa introducono i due punti?**

☐ A. Un consiglio
☐ B. Un ordine
☐ C. Un'ipotesi
☐ D. Una spiegazione

Punti 1

F9 **Nel periodo «Siamo andati in autobus e non a piedi dato che pioveva a dirotto», con quale connettivo potresti sostituire «dato che» senza cambiare il significato della frase?**

- ☐ A. Mentre
- ☐ B. Affinché
- ☐ C. Siccome
- ☐ D. Benché

Punti 1

F10 **Nelle frasi seguenti sostituisci gli avverbi sottolineati con altri che abbiano lo stesso significato, ma che non siano formati con il suffisso "-mente".**

- ☐ A. Per favore, parla più <u>lentamente</u>, non capisco. ....
- ☐ B. Andiamo <u>immediatamente</u> alla stazione: il treno sta per partire. ....
- ☐ C. Sono sicuro che piangesse <u>veramente</u>. ....
- ☐ D. Giulio e Anna si frequentano <u>assiduamente</u>. ....
- ☐ E. «Verrai alla festa?» «<u>Sicuramente.</u>» ....
- ☐ F. Si è comportato <u>correttamente</u>. ....

Punti 3 (0,5 per ogni risposta corretta)

F11 **Leggi attentamente la voce che segue, tratta dal dizionario di italiano Devoto - Oli online.**

T-shirt (o *tee shirt*) s. ingl. (pl. *T-shirts*), in it. s. f., invar. maglietta di cotone, girocollo e a maniche corte, unisex. Comp. di *T*, lettera dell'alfabeto, e *shirt*, "camicia", per la forma che assume spiegata e distesa // 1971.

Usando le informazioni del dizionario date sopra, indica se le affermazioni seguenti sono vere o false.

Metti una crocetta per ogni riga

T-shirt	**Vero**	**Falso**
a. È una parola composta proveniente dall'inglese		
b. Il termine è in uso nell'italiano da più di cinquant'anni		
c. In italiano la parola si usa nella stessa forma sia al singolare sia al plurale		
d. In italiano la parola è di genere maschile		
e. L'origine della parola deriva dalla forma dell'oggetto		
f. La parola indica un capo di abbigliamento soltanto maschile		

Punti 1,5 (0,25 per ogni risposta corretta)

Totale punti: ..../15

Parte terza - Completamento

Completa il testo che segue, inserendo negli spazi vuoti le parole adatte (<u>una sola per ogni spazio</u>). Le parole devono essere appropriate dal punto di vista lessicale e sintattico ed essere coerenti con il significato complessivo del testo.

PRIMA DI INCOMINCIARE, LEGGI TUTTO IL TESTO.

Un mondo senza zanzare?

Che cosa accadrebbe se da un giorno all'altro le zanzare scomparissero? Nessuno lo sa. Sappiamo però che ciascuna delle circa 3.500 .... (1) di zanzara gioca un ruolo in natura. I maschi di zanzara, per .... (2), mangiano nettare, il che li rende importanti impollinatori di alcune .... (3), come le orchidee. Inoltre, zanzare di ogni età e sesso costituiscono una fonte di cibo per molti animali: pesci, tartarughe, libellule, uccelli e pipistrelli.

Questi ultimi sono spesso citati come i più acerrimi .... (4) delle zanzare. Eliminarle sarebbe dannoso soprattutto per loro? No. La .... (5) parte dei pipistrelli sono predatori generalisti, e si .... (6) di qualunque cosa afferrino al volo. Inoltre, varie specie di zanzare sono attive durante il .... (7), quindi i pipistrelli, che cacciano di notte, non hanno molte occasioni di nutrirsene.

Per altre specie, invece, eradicare le zanzare potrebbe avere conseguenze che non siamo in grado di .... (8). Il problema infatti è che non sappiamo con chiarezza che ruolo rivestano le .... (9) nella catena alimentare. Rimuovere un animale .... (10) un ecosistema comporta sempre conseguenze, di quale portata è difficile stabilirlo.

(adattato da *A che servono le zanzare?, #Sapevatelo*, da www.nationalgeographic.it)

Totale punti: ..../10

PROVA 5

Parte prima - Testo A

I muffin al cioccolato

I muffin al cioccolato sono dei morbidi dolci, adatti alla prima colazione o alla merenda perché preparati con ingredienti semplici e freschi. Sono ottimi appena sfornati, ma possono anche essere conservati per più giorni: basterà infatti tenerli in un contenitore con il coperchio, o in un sacchetto di plastica ben chiuso.

Difficoltà: Media
Cottura: 30 minuti
Preparazione: 20 minuti
Costo: Basso

Ingredienti
Per circa 20 muffin:
- Lievito chimico in polvere: 6 gr
- Latte fresco intero: 180 ml
- Zucchero: 300 gr
- Farina: 300 gr
- Burro: 150 gr
- Sale: 1 gr
- Vanillina: 1 bustina
- Cioccolato fondente grattugiato: 100 gr
- Cacao in polvere amaro: 70 gr
- Uova medie: 4
- Bicarbonato: 2 gr

Preparazione
In un robot da cucina, oppure con un frustino elettrico, sbattete il burro ammorbidito assieme allo zucchero e alla vanillina: quando il composto risulterà chiaro e spumoso, aggiungete le uova a temperatura ambiente una alla volta. Lavorate tutti gli ingredienti per qualche minuto e poi trasferite il composto così ottenuto in una ciotola capiente. Mischiate e setacciate assieme la farina con il cacao amaro, il lievito, il bicarbonato, il sale e uniteli al composto di uova, alternando l'aggiunta del latte a temperatura ambiente. Unite per ultimo il cioccolato fondente grattugiato servendovi di una spatola. Amalgamate il tutto e dividete l'impasto nei pirottini[1] (magari servendovi di una tasca da pasticcere oppure di un cucchiaio). Infornate i muffin al cioccolato in forno già caldo a 180 gradi in forno statico, oppure a 165 gradi se

1. **pirottini:** stampini specifici monodose.

utilizzate un forno ventilato, per 30 minuti. Sfornate i muffin al cioccolato, lasciateli raffreddare e poi, se vi piace, spolverizzateli con poco zucchero al velo.

(adattato da www.ricette.giallozafferano.it)

A1 I muffin sono dolci

☐ A. freschi, da consumare subito
☐ B. semplici, a lunga conservazione
☐ C. freschi, che si conservano qualche giorno
☐ D. semplici, da consumare caldi, appena sfornati

Punti 1

A2 Il tempo occorrente per preparare e cuocere i muffin è

☐ A. 20 minuti
☐ B. 30 minuti
☐ C. 40 minuti
☐ D. 50 minuti

Punti 1

A3 La ricetta dei muffin è

☐ A. facile
☐ B. abbastanza facile
☐ C. difficile
☐ D. molto difficile

Punti 1

A4 Un «frustino elettrico» (riga 23) serve a

☐ A. setacciare gli ingredienti
☐ B. filtrare gli ingredienti
☐ C. amalgamare gli ingredienti
☐ D. separare gli ingredienti

Punti 1

A5 I primi ingredienti che bisogna mescolare tutti insieme sono

☐ A. il burro, lo zucchero e le uova
☐ B. il burro, lo zucchero e la vanillina
☐ C. il burro, lo zucchero, la vanillina e gli albumi
☐ D. il burro, lo zucchero, la vanillina e un uovo

Punti 1

A6 **Nella frase «trasferite il composto così ottenuto in una ciotola capiente» (righe 26-27), l'aggettivo «capiente» significa**

☐ A. ampia
☐ B. bollente
☐ C. idonea
☐ D. imburrata

Punti 1

A7 **Quali ingredienti devono essere setacciati insieme?**

☐ A. Gli ingredienti secchi
☐ B. Gli ingredienti liquidi
☐ C. Gli ingredienti dolci
☐ D. Gli ingredienti amari

Punti 1

Totale punti: ..../7

Parte prima - Testo B

Il gesto che cambiò tutto tra noi

La volta che Lila e io decidemmo di salire per le scale buie che portavano, gradino dietro gradino, rampa dietro rampa, fino alla porta dell'appartamento di don Achille, cominciò la nostra amicizia.

Mi ricordo la luce violacea del cortile, gli odori di una serata tiepida di primavera. Le mamme stavano preparando la cena, era ora di rientrare, ma noi ci attardavamo sottoponendoci per sfida, senza mai rivolgerci la parola, a prove di coraggio. Da qualche tempo, dentro e fuori scuola, non facevamo che quello. Lila infilava la mano e tutto il braccio nella bocca nera di un tombino, e io lo facevo subito dopo a mia volta, col batticuore, sperando che gli scarafaggi non mi corressero su per la pelle e i topi non mi mordessero. Lila s'arrampicava fino alla finestra a pianterreno della signora Spagnuolo, s'appendeva alla sbarra di ferro dove passava il filo per stendere i panni, si dondolava, quindi si lasciava andare giù sul marciapiede, e io lo facevo subito dopo a mia volta, pur temendo di cadere e farmi male. Lila s'infilava sotto pelle la rugginosa spilla francese che aveva trovato per strada non so quando ma che conservava in tasca come il regalo di una fata; e io osservavo la punta di metallo che le scavava un tunnel biancastro nel palmo, e poi, quando lei l'estraeva e me la tendeva, facevo lo stesso.

A un certo punto mi lanciò uno sguardo dei suoi, fermo, con gli occhi stretti, e si diresse verso la palazzina dove abitava don Achille. Mi gelai di paura. Don Achille era l'orco delle favole, avevo il divieto assoluto di avvicinarlo, parlargli, guardarlo, spiarlo, bisognava fare come se non esistessero né lui né la sua famiglia. C'erano nei suoi confronti, in casa mia ma non solo, un timore e un odio che non sapevo da dove nascessero. Mio padre ne parlava in un modo che me l'ero immaginato grosso, pieno di bolle violacee, furioso malgrado il "don", che a me suggeriva un'autorità calma. Era un essere fatto di non so quale materiale, ferro, vetro, ortica, ma vivo, vivo col respiro caldissimo che gli usciva dal naso e dalla bocca. Credevo che se solo l'avessi visto da lontano mi avrebbe cacciato negli occhi qualcosa di acuminato e bruciante. Se poi avessi fatto la pazzia di avvicinarmi alla porta di casa sua mi avrebbe uccisa.

Aspettai un po' per vedere se Lila ci ripensava e tornava indietro. Sapevo cosa voleva fare, avevo inutilmente sperato che se ne dimenticasse, e invece no. I lampioni non si erano ancora accesi e nemmeno le luci delle scale. Dalle case arrivavano voci nervose. Per seguirla dovevo lasciare l'azzurrognolo del cortile ed entrare nel nero del portone. Quando finalmente mi decisi, all'inizio non vidi niente, sentii solo un odore di roba vecchia e DDT[1]. Poi mi abituai allo scuro e scoprii Lila seduta sul primo gradino della prima rampa. Si alzò e cominciammo a salire.

Avanzammo tenendoci dal lato della parete, lei due gradini avanti, io due gradini indietro e combattuta tra accorciare la distanza o lasciare che aumentasse. M'è rimasta l'impressione della spalla che strisciava contro il muro scrostato e l'idea che gli scalini fossero molto alti, più di quelli della palazzina dove abitavo. Tremavo. Ogni rumore di

1. DDT: insetticida altamente tossico, un tempo molto diffuso per usi domestici.

passi, ogni voce era don Achille che ci arrivava alle spalle o ci veniva incontro con un lungo coltello, di quelli per aprire il petto alle galline. Si sentiva un odore d'aglio fritto. Maria, la moglie di don Achille, mi avrebbe messo nella padella con l'olio bollente, i figli mi avrebbero mangiato, lui mi avrebbe succhiato la testa come faceva mio padre con le triglie.

Ci fermammo spesso, e tutte le volte sperai che Lila decidesse di tornare indietro. Ero molto sudata, lei non so. Ogni tanto guardava in alto, ma non capivo cosa, si vedeva solo il grigiore dei finestroni a ogni rampa. Le luci si accesero all'improvviso, ma tenui, polverose, lasciando ampie zone d'ombra piene di pericoli. Aspettammo per capire se era stato don Achille a girare l'interruttore ma non sentimmo niente, né passi né una porta che si apriva o si chiudeva. Poi Lila proseguì, e io dietro.

Lei riteneva di fare una cosa giusta e necessaria, io mi ero dimenticata ogni buona ragione e di sicuro ero lì solo perché c'era lei. Salivamo lentamente verso il più grande dei nostri terrori di allora, andavamo a esporci alla paura e a interrogarla.

Alla quarta rampa Lila si comportò in modo inatteso. Si fermò ad aspettarmi e quando la raggiunsi mi diede la mano. Questo gesto cambiò tutto tra noi per sempre.

(adattato da E. Ferrante, *L'amica geniale*, Edizioni E/O, Roma 2011)

B1 **Il testo che hai letto è**

- ☐ A. un testo argomentativo
- ☐ B. un testo narrativo
- ☐ C. una cronaca giornalistica
- ☐ D. una sceneggiatura

Punti 1

B2 **Il primo periodo del testo**

- ☐ A. fornisce le coordinate spazio-temporali degli eventi
- ☐ B. presenta i protagonisti della storia, descrivendone il carattere
- ☐ C. è una digressione rispetto a quanto viene raccontato nel resto del brano
- ☐ D. anticipa ciò che verrà raccontato più in dettaglio nel resto del brano

Punti 1

B3 **a. Il racconto è**

- ☐ A. contemporaneo rispetto ai fatti narrati
- ☐ B. successivo ai fatti narrati
- ☐ C. anteriore ai fatti narrati
- ☐ D. privo di elementi che ci permettono di stabilire quale distanza temporale si pone il narratore

Punti 1

b. Scegli fa quelli elencati qui sotto i due elementi linguistici che ti hanno permesso di rispondere alla domanda precedente.

- ☐ A. «La volta che Lila e io decidemmo» (riga 1)
- ☐ B. «gli odori di una serata tiepida di primavera» (riga 4)
- ☐ C. «Mi ricordo» (riga 4)
- ☐ D. «Da qualche tempo» (righe 6-7)
- ☐ E. «subito dopo a mia volta» (riga 12)
- ☐ F. «A un certo punto» (riga 17)

Punti 1 (0,5 per ogni risposta corretta)

B4 In che momento della giornata si svolgono i fatti narrati?

- ☐ A. Di notte
- ☐ B. All'alba
- ☐ C. Al tramonto
- ☐ D. Durante l'orario scolastico

Punti 1

B5 Chi stabilisce le «prove di coraggio» (riga 6) a cui le bambine si sottopongono?

- ☐ A. Entrambe le bambine a turno
- ☐ B. Lila
- ☐ C. La bambina che racconta i fatti
- ☐ D. La signora Spagnuolo

Punti 1

B6 L'espressione «non facevamo che quello» (riga 7) è equivalente all'espressione

- ☐ A. facevamo soltanto quello
- ☐ B. non lo facevamo mai
- ☐ C. lo facevamo nonostante tutto
- ☐ D. facevamo quello che volevamo

Punti 1

B7 Nella frase «pur temendo di cadere e farmi male» (riga 13), il gerundio «pur temendo» indica

- ☐ A. lo scopo per cui la protagonista decide di imitare Lila
- ☐ B. il motivo per cui la protagonista è costretta a imitare Lila
- ☐ C. la circostanza nonostante cui la protagonista decide di imitare Lila
- ☐ D. la condizione per cui la protagonista è in grado di imitare Lila

Punti 1

B8 **Quale tra le seguenti parole può essere usata nel testo come sinonimo di «tendeva» (riga 16)?**

☐ A. Infilava

☐ B. Porgeva

☐ C. Lanciava

☐ D. Deformava

Punti 1

B9 **Indica se le seguenti affermazioni sono vere o false rispetto a quanto si legge nel testo.**

Metti una crocetta per ogni riga

	Vero	Falso
a. Le bambine discutono tra loro prima di recarsi presso l'abitazione di don Achille		
b. Don Achille abita da solo nel suo appartamento		
c. I genitori della protagonista non hanno un giudizio positivo su don Achille		
d. La protagonista non ha mai visto don Achille		
e. Don Achille è un prete		
f. La protagonista s'incammina subito dietro Lila		

Punti 3 (0,50 per ogni risposta corretta)

B10 **Quale tra le seguenti parole non può essere usata nel testo come sinonimo di «acuminato» (riga 26)?**

☐ A. Smussato

☐ B. Aguzzo

☐ C. Pungente

☐ D. Appuntito

Punti 1

B11 **Nel testo viene data grande importanza all'aspetto cromatico. Quali colori distingue la protagonista nel momento in cui si avvia verso l'abitazione di don Achille?**

....

Punti 1

B12 **L'espressione «come faceva mio padre con le triglie» (righe 42-43) è**

☐ A. una metonimia

☐ B. un'iperbole

☐ C. una metafora

☐ D. una similitudine

Punti 1

B13 **Per quale motivo le bambine arrestano la loro scalata nel momento in cui si accendono le luci?**

....

....

Punti 1

B14 **Per quale ragione Lila dà la mano alla protagonista?**

☐ A. Perché è solita compiere simili gesti d'affetto

☐ B. Perché è spazientita dall'andatura troppo lenta dell'amica

☐ C. Perché comprende le paure dell'amica e cerca di farle coraggio

☐ D. Perché ha capito che è troppo rischioso e non vuole più salire

Punti 1

B15 **Ordina cronologicamente dal primo all'ultimo i seguenti eventi, inserendo in ciascuna riga un numero da 1 a 4.**

Eventi	Ordine
a. Lila attende l'amica seduta su un gradino	
b. Si accendono le luci	
c. Le bambine si tengono per mano	
d. Lila s'incammina verso la palazzina di don Achille	

Punti 1 (0,25 per ogni risposta corretta)

B16 **In base al testo, quali caratteristiche possono essere attribuite a Lila e quali alla protagonista?**

Metti una crocetta per ogni riga

Caratteristiche	Lila	Protagonista
a. Subisce facilmente l'influenza dell'altra		
b. Persiste ostinata nei propri obiettivi		
c. È piena di timori		
d. Esercita una forte influenza sull'altra		

Punti 1 (0,25 per ogni risposta corretta)

Totale punti: ..../19

Parte prima - Testo C

Sherlock Barman

Tragedia da bar

Personaggi principali
BARISTA
CLIENTE

(*Un bar, luce bassa, notturna.*)
BARISTA
Qualcosa da bere, signore?
CLIENTE
Qualcosa di forte, di molto forte.
BARISTA
Ha bisogno di tirarsi su, signore?
CLIENTE
Ebbene sì.
BARISTA
Un Bloody Mary andrebbe bene?
CLIENTE
Ehm, sì.
BARISTA
Una delusione d'amore?
CLIENTE
Come lo ha capito?
BARISTA
Dal sospiro, signore.
CLIENTE
Dal sospiro?
BARISTA
Esattamente. Il sospiro dell'innamorato deluso è assai diverso dal sospiro del bancarottiere o del semplice depresso. Faccio il barista da trent'anni e non mi è difficile riconoscerlo: lei ha tutti i sintomi di un uomo abbandonato di fresco.
CLIENTE
Be', non ci vuole molto. Basta guardarmi in faccia.
BARISTA
Certo. Una ragazza alta e bionda, vero?
CLIENTE
Questo come fa a saperlo?
BARISTA
Deduzione di barista. Lei ha un capello biondo sulla spalla e un segno recente di rossetto sulla tempia. Essendo lei di buona statura, solo una ragazza alta almeno un

metro e settantacinque può lasciarle un segno così.

CLIENTE

Straordinario. E mi sa dire altro, caro il mio Sherlock Barman?

BARISTA

La donna si chiama Maria, fa la hostess, le piacciono gli animali e andare al Luna Park.

CLIENTE

È tutto vero. Ma lei è un medium, indovino o cosa?

BARISTA

Le ripeto, semplice spirito di osservazione baristica. Lei ha trasalito quando ho detto il nome del cocktail Bloody Mary, dal che ho dedotto che Maria, o Marina, doveva essere il nome della donna che la turba. Inoltre lei ha posto qui sul bancone un pacchetto di sigarette senza marca da bollo e non essendo tipo da acquistare al contrabbando, ne deduco che glieli compri lei sull'aereo, e anche la sua cravatta è di un modello che si vende nelle boutique aeroportuali. Inoltre quell'accendino con il cockerino, via, non è da lei. È un regalo di Maria, vero? Infine quello lì, vicino all'accendino, è un gettone da Luna Park, autoscontri o qualcosa di simile.

CLIENTE

È tutto esatto. Ma allora mi può dire anche perché Maria mi ha lasciato?

BARISTA

Be', anzitutto la sua gelosia morbosa per quel pilota.

CLIENTE

Vero anche questo. Ma lei come fa...

BARISTA

Ovviamente, se lei è innamorato di una hostess non può che essere geloso di un pilota, infatti vedo che lei indossa giacca celeste e occhiali scuri, quindi inconsciamente tende a vestirsi come un pilota, per competere col fantasma del suo rivale.

(S. Benni, *Sherlock Barman*, in *Teatro 2*, Feltrinelli, Milano 1999)

C1 **Il dialogo che hai letto appartiene a**

- ☐ A. un testo narrativo
- ☐ B. un testo argomentativo
- ☐ C. un copione teatrale
- ☐ D. un articolo di giornale

Punti 1

C2 **Su quali elementi del testo ti sei basato per rispondere alla domanda precedente?**

....

....

....

Punti 1

C3 **Nella frase «Qualcosa da bere, signore?» (riga 3), il verbo è sottinteso. Quale potrebbe essere?**

....

Punti 1

C4 **Nella frase «Un Bloody Mary andrebbe bene?» (riga 11), che cosa potrebbe essere il «Bloody Mary»?**

☐ A. Un succo di frutta
☐ B. Un latte molto caldo
☐ C. Una birra a bassa gradazione alcolica
☐ D. Un cocktail

Punti 1

C5 **Nella risposta «Ehm, sì» (riga 13), quale stato d'animo suggerisce l'interiezione «Ehm»?**

☐ A. Rabbia
☐ B. Gioia
☐ C. Esitazione
☐ D. Interesse

Punti 1

C6 **Alla domanda del barista «Una delusione d'amore?», il cliente risponde «Come lo ha capito?» (righe 15 e 17). Si tratta di una risposta**

☐ A. affermativa (sì)
☐ B. negativa (no)
☐ C. dubitativa (non so)
☐ D. non data (non rispondo)

Punti 1

C7 **Nella frase «Come lo ha capito?» (riga 17), a che cosa si riferisce il pronome «lo»? Scrivilo.**

....

....

Punti 1

C8 **Su quale indizio si basa il barista per dedurre che il cliente ha subìto una delusione d'amore? Ricostruisci il suo ragionamento con parole tue.**

....

....

Punti 1

C9 **Nella frase «Il sospiro dell'innamorato deluso è assai diverso dal sospiro del bancarottiere o del semplice depresso» (righe 23-24), che cosa significa l'aggettivo «semplice»?**

☐ A. Comune

☐ B. Lieve

☐ C. Grave

☐ D. Ingenuo

Punti 1

C10 **Che cosa significa l'espressione «abbandonato di fresco» (riga 25)? Scrivilo con parole tue.**

....

Punti 1

C11 **Nel dialogo il barista e il cliente si rivolgono l'uno all'altro con**

☐ A. il voi

☐ B. il lei

☐ C. il tu

☐ D. un po' con il tu, un po' con il lei

Punti 1

C12 **In base al testo, indica quali tra le domande che seguono prevedono una risposta non conosciuta (sono, cioè, domande vere), e quali invece una risposta già conosciuta (sono poste, cioè, per ottenere una conferma).**

Metti una crocetta per ogni riga

Domanda	Risposta non conosciuta	Risposta già conosciuta
a. «Una delusione d'amore?» (riga 15)		
b. «Una ragazza alta e bionda, vero?» (riga 29)		
c. «Questo come fa a saperlo?» (riga 31)		
d. «Ma allora mi può dire anche perché Maria mi ha lasciato?» (riga 52)		

Punti 1 (0,25 per ogni risposta corretta)

C13 **Quali tra le caratteristiche che seguono possono essere attribuite al barista, quali al cliente e quali a nessuno dei due?**

Metti una crocetta per ogni riga

Caratteristiche	Barista	Cliente	Nessuno dei due
a. È sicuro di sé			
b. È affettuoso			
c. È invadente			
d. È pensieroso			
e. È perspicace			
f. È aggressivo			

Punti 1,5 (0,25 per ogni risposta corretta)

C14 **Quali tra gli indizi seguenti sono nominati dal barista, quali no?**

Metti una crocetta per ogni riga

Indizi nominati dal barista	Sì	No
a. Capello biondo		
b. Macchia di nicotina		
c. Ciondolo del portachiavi		
d. Accendino		
e. Cravatta		
f. Orologio		

Punti 1,5 (0,25 per ogni risposta corretta)

C15 **Nella frase «E mi sa dire altro, caro il mio Sherlock Barman?» (riga 37), lo stato d'animo del cliente è**

☐ A. sorpreso e indignato
☐ B. sorpreso e ammirato
☐ C. confortato e meravigliato
☐ D. seccato e beffardo

Punti 1

C16 **Nella frase «Vero anche questo. Ma lei come fa...» (riga 56), i puntini di sospensione indicano**

- ☐ A. indecisione
- ☐ B. stupore
- ☐ C. entusiasmo
- ☐ D. irritazione

Punti 1

C17 **Lo scopo del testo è**

- ☐ A. informare
- ☐ B. convincere
- ☐ C. irritare
- ☐ D. divertire

Punti 1

Totale punti: ..../18

Parte prima - Testo D

Bambini tecnologici

Un controllo sul rapporto che i bambini hanno con tablet, PC e Internet è fondamentale. Giuseppe Riva, docente di Psicologia dei nuovi media presso l'Università Cattolica di Milano, ci aiuta a fare chiarezza.

Qual è l'impatto di cellulari, Internet, PC e tablet sul cervello e la psiche dei bambini?
Bisogna fare una premessa: le nuove tecnologie sono in velocissima evoluzione, per cui ciò che era valido fino a qualche anno fa non lo è già più. Così, se tre o quattro anni fa, i bambini in età prescolare si cimentavano al massimo con il PC e per loro quella costituiva l'iniziazione alle nuove tecnologie, ora bimbi di tre o quattro anni usano l'iPhone, l'iPad o il tablet in generale. Con l'avvento del *touch screen* si è profondamente modificato il rapporto con questi strumenti e, di conseguenza, l'impatto su cervello e psiche.

In che senso, che cosa è cambiato nel corso degli ultimi anni?
Prima c'era un'interazione complessa con il computer: era previsto l'uso di un mouse, bisognava almeno possedere qualche nozione per usare il PC, avere, per esempio, cognizioni linguistiche di base. Ora il *touch screen* permette un uso intuitivo, rendendo i bambini meno disposti ad accettare la frustrazione che consegue a una tecnologia più complessa. I piccoli utenti tecnologici sono diventati, in un certo senso, meno duttili, meno disposti a frustrazioni e compromessi, anche perché gli strumenti multimediali prevedono la possibilità di costruirsi un'esperienza su misura, che rispetti appieno i propri interessi e i propri tempi. Per questa ragione anche il rapporto con la televisione si sta modificando. C'è una sorta di progressivo abbandono nei confronti della TV, che non si può costruire su misura.

In che modo queste tecnologie modificano la struttura cerebrale dei bambini?
Da una parte migliora il processo di coordinamento dei movimenti e si velocizza il processo decisionale, dall'altra si riduce la capacità di mantenere l'attenzione su un compito a lungo. Il fatto di trovare immediatamente, con un semplice tocco della mano, ciò che si desidera, riduce la necessità di rimanere concentrati su quello che stiamo facendo. Questo discorso vale, soprattutto, per i bimbi dai 6 anni in su. Inoltre la dimensione del "qui e ora", del tutto a portata di mano, può limitare la capacità di astrazione. Anche la gestione del tempo diventa più complessa, perché spesso il bambino si isola, perdendo di vista le priorità quotidiane, come ad esempio lo studio. A questo punto diventa fondamentale il ruolo dei genitori, che devono limitare l'uso di questi strumenti dal punto di vista quantitativo e condividere con i propri figli, soprattutto se molto piccoli, l'uso delle nuove tecnologie.

E i vantaggi?
La tecnologia può essere utilizzata a fini educativi. Ci sono tante strategie d'uso veramente molto interessanti e accattivanti per insegnare a leggere e contare, in maniera anche divertente. Inoltre queste tecnologie, se opportunamente usate, aumentano il coordinamento motorio e spaziale, la prontezza dei riflessi e la capacità di pianificazione. Quindi, non ha alcun senso demonizzarle.

(adattato da P. Scaccabarozzi, *Bambini tecnologici*, da www.d.repubblica.it)

D1 **A che cosa serve il primo paragrafo (righe 1-3)?**

☐ A. A presentare l'idea centrale riguardo al rapporto fra i bambini e la tecnologia
☐ B. A dare un giudizio sul professore che ha compiuto studi sul rapporto bambini-tecnologia
☐ C. A esprimere l'opinione personale della giornalista sull'argomento in discussione
☐ D. A illustrare i diversi modi in cui i bambini usano le nuove tecnologie digitali

Punti 1

D2 **Il testo che hai letto è**

☐ A. un sondaggio
☐ B. una cronaca
☐ C. un saggio
☐ D. un'intervista

Punti 1

D3 **Nella frase «Così, se tre o quattro anni fa, i bambini in età prescolare si cimentavano al massimo con il PC» (righe 6-7), che cosa significa «si cimentavano»?**

☐ A. Si divertivano
☐ B. Si mettevano alla prova
☐ C. Si distraevano
☐ D. Si mettevano in discussione

Punti 1

D4 **Chi sono «i bambini in età prescolare» (riga 7)?**

☐ A. I bambini che frequentano la scuola elementare
☐ B. I bambini che frequentano i nidi d'infanzia
☐ C. I bambini che non hanno ancora iniziato la scuola elementare
☐ D. I bambini che non hanno ancora iniziato la scuola materna

Punti 1

D5 **Nella frase «Con l'avvento del *touch screen* si è profondamente modificato il rapporto con questi strumenti» (righe 9-10), a quali strumenti si riferisce l'aggettivo «questi»?**

....

Punti 1

D6 **Quali tra le idee seguenti riguardo al rapporto fra i bambini e le nuove tecnologie digitali sono sostenute dal professore nel testo, e quali no?**

Metti una crocetta per ogni riga

Idee sostenute dal professore	Sì	No
a. Ogni discorso intorno alle nuove tecnologie rischia di essere superato a distanza di pochi anni		
b. Il *touch screen* è un modo più semplice e immediato di utilizzare gli strumenti tecnologici		
c. I bambini preferiscono la televisione agli strumenti multimediali perché non richiede un impegno attivo		
d. Gli strumenti multimediali tendono a ridurre la capacità di concentrazione dei bambini		

Punti 1 (0,25 per ogni risposta corretta)

D7 **a. In base al testo, il computer tradizionale è più o meno semplice da usare per i bambini piccoli rispetto ai nuovi strumenti tecnologici?**

....

b. Trascrivi la frase da cui puoi capirlo.

....

....

....

Punti 1 (0,5 per ogni risposta corretta)

D8 **Il testo indica alcune conseguenze dell'uso delle nuove tecnologie sulle potenzialità cerebrali dei bambini. Riportane una positiva e una negativa.**

....

....

....

....

....

Punti 1 (0,5 per ogni risposta corretta)

D9 **In base al testo, qual è il compito dei genitori rispetto all'uso dei nuovi strumenti tecnologici da parte dei bambini piccoli?**

- ☐ A. Proibirne l'uso ai bambini in età prescolare
- ☐ B. Stabilire dei limiti e usarli insieme con i bambini
- ☐ C. Lasciare che i bambini li usino liberamente
- ☐ D. Farsi assistere da specialisti per stabilire delle regole

Punti 1

D10 **a. Considerati i vantaggi e gli svantaggi, l'autore esprime nel testo un'opinione prevalentemente positiva o negativa sull'uso delle nuove tecnologie da parte dei bambini?**

....

....

b. Riporta la frase del testo in cui l'autore esprime questa sua opinione generale.

....

Punti 1 (0,5 per ogni risposta corretta)

Totale punti: ..../10

Parte prima - Testo E

La scienza è noiosa?

Le frasi che leggerai sono le frasi scomposte e disordinate di un testo compiuto.

a) Potrebbero così capire finalmente, insieme ai loro insegnanti, che la scienza non è noiosa e difficile ma entusiasmante e anche molto divertente.

b) Facile dirlo: il metodo che viene utilizzato per insegnarla.

c) Fin dalla scuola primaria, infatti, i bambini vengono afflitti dall'apprendimento forzato di nozioni che non si traducono necessariamente in comprensione dei fenomeni naturali.

d) Per esempio, sviluppando una metodologia che, attraverso la sperimentazione in classe dei fenomeni naturali, faccia appassionare i ragazzi all'osservazione dell'ignoto.

e) Che cosa tiene lontani i nostri giovani dall'avvincente mondo della scienza?

f) E se provassimo allora a cambiare il tipo di formazione scientifica e metodologica degli insegnanti?

(adattato da M. Arcà-G. Macino, *Insegnare scienza nella scuola primaria: dagli esperimenti alla costruzione del pensiero*, in *Quale scuola?*, Carocci, Roma 2015)

E1 **Indica la sequenza corretta che ricompone l'ordine originario del testo numerando da 1 (la prima) a 6 (l'ultima) le frasi.**

Frasi	Ordine
a. Potrebbero così capire finalmente, insieme ai loro insegnanti, che la scienza non è noiosa e difficile ma entusiasmante e anche molto divertente.	
b. Facile dirlo: il metodo che viene utilizzato per insegnarla.	
c. Fin dalla scuola primaria, infatti, i bambini vengono afflitti dall'apprendimento forzato di nozioni che non si traducono necessariamente in comprensione dei fenomeni naturali.	
d. Per esempio, sviluppando una metodologia che, attraverso la sperimentazione in classe dei fenomeni naturali, faccia appassionare i ragazzi all'osservazione dell'ignoto.	
e. Che cosa tiene lontani i nostri giovani dall'avvincente mondo della scienza?	
f. E se provassimo allora a cambiare il tipo di formazione scientifica e metodologica degli insegnanti?	

Totale punti: ..../6 (1 per ogni risposta corretta)

Parte seconda - Grammatica

F1 Scegli e sottolinea tra i connettivi suggeriti tra parentesi quello più opportuno per ciascuna delle frasi che seguono.

a. Aspettiamo sempre mio fratello per pranzo, (benché, purché, anche se) esce molto tardi da scuola.
b. Ogni giorno vado a studiare a casa di un mio compagno, (ma, infatti, oppure) viene lui a casa mia.
c. Gli farò gli auguri per telefono (anche se, perché, quando) è troppo tardi per inviare un biglietto.
d. Mi sono ammalato, (anche se, tuttavia, dunque) non sono potuto venire alla tua festa.

Punti 1 (0,25 per ogni risposta corretta)

F2 Leggi attentamente la voce seguente, tratta dal dizionario della lingua italiana Treccani.it.

Brusco [lat. tardo *bruscus*, class. *ruscus*] **agg.** (pl. m. -chi) **1.** [di sapore che tende all'aspro, senza però essere sgradevole, detto spec. del vino o di confetture] ≈ acidulo, acre, aspro, pungente ↔ amabile, dolce. **2.** [rude d'aspetto, modi e parole] ≈ arcigno, aspro, duro, severo ↔ amabile, amichevole, gentile. **avv.**, non com. [in modo improvviso, drastico: mi rispose b.] ≈ improvvisamente.

Usando le informazioni del dizionario date sopra, indica se le affermazioni seguenti sono vere o false.

Metti una crocetta per ogni riga

Brusco	Vero	Falso
a. È una parola proveniente dal greco antico		
b. Il plurale è uguale al maschile e al femminile		
c. Come aggettivo si usa per riferirsi a sapori e a comportamenti		
d. Un contrario è "pungente"		
e. Un sinonimo è "arcigno"		
f. Si usa più frequentemente come avverbio che come aggettivo		

Punti 1,5 (0,25 per ogni risposta corretta)

F3 Nelle frasi seguenti, sostituisci il verbo «fare» con altre forme verbali più precise e adatte alla situazione comunicativa.

a. Fate .... una linea retta che unisca i punti A e B.

b. La casa deve essere fatta .... rispettando le norme urbanistiche.

c. Il primario ha fatto .... un difficile intervento chirurgico.

d. Non si può fare .... questa strada in direzione inversa!

Punti 1 (0,25 per ogni risposta corretta)

F4 **Quale tra le frasi seguenti è scritta in modo corretto?**

☐ A. C'è l'abbiamo fatta ad arrivare in cima: prima di noi nessun altro c'era riuscito!

☐ B. Ce l'abbiamo fatta ad arrivare in cima: prima di noi nessun'altro c'era riuscito!

☐ C. Ce l'abbiamo fatta ad arrivare in cima: prima di noi nessun altro c'era riuscito!

☐ D. Ce l'abbiamo fatta ad arrivare in cima: prima di noi nessun altro cera riuscito!

Punti 1

F5 **In ciascuna delle frasi seguenti una parola è divisa in due parti, come per andare a capo. Scegli e sottolinea la forma corretta tra le due proposte.**

a. La sua rabbia è appa-rente / appar-ente, vedrai che le passa presto!
b. Il mio augurio è vederti presto la-ureato / lau-reato.
c. Quando arriverà? È un mi-stero / mis-tero.
d. È una lana pregi-ata / pregia-ta che proviene dall'Irlanda.

Punti 1 (0,25 per ogni risposta corretta)

F6 **In quale delle frasi seguenti il «si» ha valore passivante (cioè è usato per creare la forma passiva)?**

☐ A. I ragazzi si strinsero la mano senza dirsi una parola.

☐ B. Si vergogna di essere stato così poco attento.

☐ C. Si tuffarono felici nel traffico del giorno di festa.

☐ D. La cerimonia si celebrerà domani mattina.

Punti 1

F7 **Coniuga al tempo passato prossimo i verbi sottolineati nelle frasi seguenti, usando l'ausiliare corretto.**

a. Viene .... tutti i pomeriggi a studiare da me.
b. Il concerto comincia .... tardi.
c. Le temperature aumentano .... lentamente.
d. Il corridore aumenta .... l'andatura.

Punti 1 (0,25 per ogni risposta corretta)

F8 **Nel periodo «Scendendo le scale ho incontrato il Preside», quale tipo di subordinata è espressa con il gerundio «Scendendo»?**

☐ A. Strumentale

☐ B. Temporale

☐ C. Causale

☐ D. Concessiva

Punti 1

F9 Nelle frasi seguenti, indica se il verbo «essere» è un verbo copulativo (e forma un predicato nominale) o un verbo predicativo (e costituisce un predicato verbale).

Metti una crocetta per ogni riga

	Verbo copulativo	Verbo predicativo
a. Il cinema è chiuso per ristrutturazione.		
b. Ieri il cielo era limpido.		
c. Ci sono ancora clienti nel supermercato?		
d. Il palazzo in cui abita mia madre è un grattacielo.		
e. Di chi è la bicicletta rossa?		
f. Non è più a casa: mi ha mandato un messaggio.		

Punti 1,5 (0,25 per ogni risposta corretta)

Totale punti: ..../10

Parte terza - Completamento

Completa il testo che segue, inserendo negli spazi vuoti le parole adatte (<u>una sola per ogni spazio</u>). Le parole devono essere appropriate dal punto di vista lessicale e sintattico ed essere coerenti con il significato complessivo del testo.

PRIMA DI INCOMINCIARE, LEGGI TUTTO IL TESTO.

Un videogame reale: l'*escape room*

Un'ora di tempo per uscire da una stanza .... (1) a chiave e senza finestre. Alle pareti quadri di Klimt e Modigliani, librerie e scaffali pieni di vasi, bambole di pezza, giradischi, soprammobili, monitor con .... (2) dell'alfabeto maiuscole e .... (3). E poi decine di cassetti e armadi bloccati da lucchetti di ogni colore e dimensione. Solo .... (4) un enigma dopo l'altro si può arrivare alle combinazioni che li aprono.

È l'ultima tendenza dei .... (5) di gruppo: nata negli Stati Uniti e in Spagna, l'*escape room* è ora sbarcata anche in Italia. Si tratta di una sorta di videogame reale, ... (6) bisogno di consolle e schermi luminosi, dove misurare la propria abilità nel risolvere enigmi.

In media il costo va dai 14 ai 28 euro a .... (7), a seconda della dimensione del gruppo. Il .... (8) alla rovescia scatta nel momento in cui la porta si chiude. Una telecamera controlla cosa .... (9) all'interno e sui monitor. In caso di difficoltà possono poi arrivare un paio di piccoli .... (10), che tuttavia spesso non bastano. Solo il 70 per cento dei gruppi infatti riesce a uscire nel tempo a disposizione.

(adattato da T. De Giorgio, *Un'ora di tempo per uscire dalla stanza: la* escape room *sbarca a Milano e fa boom*, da milano.repubblica.it, 15 agosto 2015)

Totale punti: ..../10

Tabelle di conversione

Il punteggio di ciascuna prova è dato dalla somma dei punteggi degli esercizi che la compongono: scrivi nell'apposito spazio i punteggi totali delle prove svolte. Per la conversione dei punteggi in decimi puoi usare le tabelle che seguono.

	Prova 1	Prova 2	Prova 3	Prova 4	Prova 5
Punteggio totale					

Prove 1-2-3

Punteggio	Valutazione
70	10
69-65	9
64-60	8
59-50	7
49-40	6
39-30	5
29-20	4
19-10	3
meno di 10	2

Prova 4

Punteggio	Valutazione
90	10
89-85	9
84-75	8
74-65	7
64-55	6
54-45	5
44-35	4
34-25	3
meno di 25	2

Prova 5

Punteggio	Valutazione
80	10
79-75	9
74-70	8
69-60	7
59-50	6
49-40	5
39-30	4
29-20	3
meno di 20	2

Ministero dell'Istruzione dell'Università e della Ricerca

INVALSI
Istituto nazionale per la valutazione del sistema educativo di istruzione e di formazione

Rilevazione degli apprendimenti

Anno Scolastico 2016 – 2017

PROVA DI ITALIANO

Scuola Secondaria di II grado

Classe Seconda

Fascicolo 1

Spazio per l'etichetta autoadesiva

ISTRUZIONI

La prova è divisa in tre parti.

Nella prima parte dovrai leggere alcuni testi e poi rispondere alle domande che li seguono.

Nella maggior parte dei casi le domande hanno già le risposte, e tra queste tu dovrai scegliere quella che ritieni giusta (una sola), facendo una crocetta sul quadratino vicino ad essa, come nell'esempio 1.

Esempio 1

Qual è la capitale dell'Italia?

A. ☐ Venezia

B. ☐ Napoli

C. ☒ Roma

D. ☐ Firenze

In qualche caso, però, per rispondere dovrai mettere una crocetta per ogni riga di una tabella, oppure dovrai scrivere tu la risposta alla domanda, come nei due esempi che seguono.

Esempio 2

In base al testo che hai letto, quali sono le caratteristiche del protagonista del racconto?

Metti una crocetta per ogni riga.

	Sì	No
a) È coraggioso	☒	☐
b) È timido	☐	☒
c) Ama lo studio	☐	☒
d) Gli piace giocare	☒	☐
e) Dice sempre la verità	☒	☐

Esempio 3

Chi è il protagonista del racconto che hai letto?
Risposta: .... *Enrico* ....

Se ti accorgi di aver sbagliato, puoi correggere; devi scrivere **NO** vicino alla risposta sbagliata e mettere una crocetta nel quadratino accanto alla risposta che ritieni giusta, come nell'esempio 4.

Esempio 4

In quale continente si trova l'Italia?

	A.	☐	In America
NO	B.	☒	In Asia
	C.	☐	In Africa
	D.	☒	In Europa

Nella seconda parte della prova dovrai rispondere a una serie di domande di grammatica. Anche qui in qualche caso dovrai scegliere la risposta giusta fra quelle date, in altri scriverla tu stesso.

Nella terza parte invece dovrai inserire in un testo le parole che mancano, al posto delle quali è stato messo uno spazio. In ciascuno degli spazi devi inserire la parola adatta, tenendo conto del resto della frase.

Esempio 5

LA FATICA

La perdita di ____*acqua*____ con il sudore è accompagnata da quella di sali minerali che altera la capacità delle cellule di trasmettere lo stimolo nervoso.

Leggi, dunque, con molta attenzione le domande e le istruzioni su come rispondere.

Per fare una prova, ora rispondi a questa domanda.

Fra i seguenti mesi, qual è solitamente il più freddo in Italia?

A. ☐ Maggio

B. ☐ Luglio

C. ☐ Settembre

D. ☐ Dicembre

Per svolgere l'intera prova avrai in tutto un'ora e trenta minuti (in totale 90 minuti) di tempo.

NON GIRARE LA PAGINA FINCHÉ NON TI SARÀ DETTO DI FARLO

PARTE PRIMA - TESTO A

L'USO DELLE PAROLE

Noi usiamo le parole in tanti modi diversi; le parole hanno tanti usi diversi secondo le circostanze in cui parliamo e le conversazioni che facciamo. Ma questo noi lo diamo per scontato, perché fa parte delle nostre capacità di fondo, ossia fa parte del senso comune. E noi tutti sappiamo usare le parole in tanti modi diversi, con toni e sottintesi diversi, per ottenere risposte diversissime. Detto in altre parole: il senso comune è tutto quel tessuto di piccole competenze che ci serve a dialogare con gli altri, per cui noi e gli altri ci intendiamo nel dare senso al mondo. In questo modo, e solo partendo da qui, riesco a pensare a cosa si potrebbe intendere con la parola narrazione. Ascoltate uno che parla al telefono e sentirete come cambia tono, accento, linguaggio, secondo con chi parla e secondo l'argomento di cui parla. Con questo voglio dire che raramente ci rendiamo conto di come il nostro uso delle parole sia legato alla temporalità del momento: cioè è legato al momento in cui siamo, al tipo di gioco che stiamo facendo con qualcun altro, e che cambia sempre sul filo del tempo.

(Tratto da: Gianni Celati, *Conversazioni del vento volatore*, Macerata, Quodlibet, 2011)

A1. L'autore del testo si propone di

A. ☐ descrivere i comportamenti delle persone negli scambi quotidiani, nelle comuni conversazioni e nell'uso delle parole

B. ☐ narrare i momenti di una quotidiana conversazione tra persone che hanno comuni interessi e usano le stesse parole

C. ☐ esprimere le sue idee sull'uso del telefono in una normale situazione di dialogo e sull'uso delle parole

D. ☐ sostenere con argomentazioni le proprie idee sull'uso delle parole negli scambi comunicativi

A2. Completa il testo che segue tenendo in considerazione quanto detto dall'autore. Scegli la parola corretta da inserire, una sola per ogni spazio, tra quelle suggerite in elenco. Fai attenzione: ogni parola può essere utilizzata una sola volta e cinque parole sono in più.

L'autore vuole definire "l'uso delle parole" come capacità di adeguare il proprio ....(1) sulla base del ....(2) in cui ciascuno si trova, dell'interlocutore con il quale ....(3) per diversi scopi e, soprattutto, delle trasformazioni che si verificano nel ....(4) di una relazione ....(5) .

linguaggio / condivisa / interagisce / corso / pensiero / polemizza / senso / contesto / comunicativa / ruolo

---

A3. Quali tra le seguenti affermazioni sono coerenti con quanto si sostiene nel testo?
Metti una crocetta per ogni riga.

	Affermazioni	Coerente	Non coerente
a)	Il "senso comune" è ciò che ci fa sembrare banali e ingenui nella comunicazione	☐	☐
b)	Il contesto della comunicazione tra le persone è decisivo nel favorire usi diversi delle parole	☐	☐
c)	Ciascuno deve mantenere il proprio modo e stile di parlare senza tener conto dell'interlocutore	☐	☐
d)	Gli scambi comunicativi dipendono anche dal ruolo e dalle intenzioni comunicative di ognuno	☐	☐

A4. **Nel brano che segue sostituisci le parole o le espressioni in grassetto scegliendo, nei riquadri corrispondenti, quelle vicine nel significato e coerenti col contesto. Metti una crocetta accanto alla parola o espressione che ritieni più opportuna.**

Ascoltate uno che parla al telefono e **sentirete** come cambia **tono**, accento, linguaggio, **secondo con** chi parla e secondo l'argomento di cui parla. Con questo voglio dire che raramente ci rendiamo conto di come il nostro uso delle parole sia legato alla **temporalità del momento**: cioè è legato al momento in cui siamo, al tipo di **gioco che stiamo facendo** con qualcun altro, e che cambia sempre **sul filo** del tempo.

A4_1

A. ☐ avvertirete
B. ☐ proverete
C. ☐ dimostrerete
D. ☐ gusterete

A4_2

A. ☐ tenore di vita
B. ☐ tipo di carattere
C. ☐ modo di parlare
D. ☐ punto di vista

A4_3

A. ☐ a prescindere da
B. ☐ in opposizione a
C. ☐ a imitazione di
D. ☐ tenendo conto di

A4_4

A. ☐ circostanza puntuale
B. ☐ situazione linguistica
C. ☐ fugacità degli eventi
D. ☐ condizionabilità emotiva

A4_5

A. ☐ scherzo che stiamo orchestrando
B. ☐ interazione che stiamo avendo
C. ☐ problema di cui stiamo discutendo
D. ☐ azione fisica che stiamo compiendo

A4_6

A. ☐ sulla indicazione
B. ☐ sulla linea
C. ☐ sull'intreccio
D. ☐ sulla brevità

A5. L'autore usa prevalentemente la prima persona plurale per

A. ☐ sottolineare che il significato delle parole diventa vero nella situazione reale

B. ☐ dare solennità alle proprie affermazioni

C. ☐ rivendicare un senso di appartenenza

D. ☐ dire che il modo in cui usiamo le parole è qualcosa che riguarda tutti

SUA MAESTÀ IL GUFO ACCECATO DALLE LUCI

Come sono misteriosi gli uccelli notturni, i gufi, le civette, i barbagianni! Il gufo reale è uno dei più grandi e merita veramente il suo nome. È sempre difficile avvistarlo. Una sera d'estate, nella casa di campagna, ne ho visto uno volare dal tetto verso gli alberi vicini. Mi sembrò un fantasma familiare, una creatura arrivata dal mondo oscuro della Natura, ma benevola, che portava con sé qualcosa di ignoto. Il suo arrivo suscitò in me sorpresa e meraviglia. Sentii il fruscio delle sue grandi ali, poi vidi nel buio il folto piumaggio, e non diversa da quella di un nume fu la sua apparizione. Pochi momenti ed era già sparito. Raramente la sua maestà si lascia ammirare in tutta la sua piumata bellezza.

In un'altra sera, una sera in città, ho visto un gufo reale esposto su un trespolo in una trasmissione televisiva. Era una di quelle trasmissioni culturali che vanno in onda dopo la mezzanotte, e la presenza del gufo, simbolo di saggezza, era come una sigla che voleva dire: trasmissione notturna, o forse culturale. Stava lì nello studio mentre i due presentatori parlavano di Bisanzio, una civiltà dove raffinatezza e crudeltà andavano di pari passo, e accecare un nemico era cosa normalmente praticata, per asservirlo o per renderlo innocuo. I due presentatori parlavano, e dietro di loro sul trespolo, come un idolo, assolutamente immobile, con la testa eretta stava il gufo reale, accecato dalle luci dello studio. Sentivo che la sua immobilità nasceva proprio dalla sua intolleranza per la luce, ed era l'immobilità che assumono certi animali di fronte a un nemico inevitabile e invincibile. Non riuscivo a seguire le parole dei presentatori che parlavano di migliaia di prigionieri accecati dopo una battaglia vinta dai bizantini, perché ero distratto e come ipnotizzato dagli occhi splendenti del gufo. Due occhi grandissimi, due biglie di vetro luminose e trasparenti, di un colore topazio con in mezzo un puntolino nero. E com'era veramente regale quell'uccello, con che dignità stava su quel trespolo, come su un trono. E com'era misteriosa la fissità del suo sguardo! Stava lì, in quel luogo così diverso dai suoi ascosi[1] rifugi notturni e totalmente a lui estraneo, e io in quel momento guardandolo mi sorpresi a pensare a tutte le creature, uomini e animali e uccelli, gettate senza un perché su questa terra, come lui era stato gettato in quello studio televisivo. Mentre il gufo reale immobile sul trespolo teneva per tutto il tempo della trasmissione i suoi grandi occhi luminosi sbarrati sul nulla come quelli dei ciechi, i due presentatori parlavano di Bisanzio, e la crudeltà di cui parlavano, forse a causa di quel gufo accecato dalle luci, mi sembrò più mostruosa e terribile, e perfino la parola, la parola «crudeltà», mi sembrò talmente intollerabile da non poterla sentire nemmeno pronunciare. Mi trasmetteva, sapendo a cosa si riferiva, un malessere fisico. Volevo che tutto finisse al più presto, e avevo già preso il telecomando per spegnere, quando la trasmissione finì. Il padrone del gufo reale – che presumibilmente era stato dato in affitto per quella serata – mentre sgombravano lo studio dall'arredo di scena, si avvicinò al trespolo, e senza tanti riguardi, come chi ha fretta e deve spicciarsi, prese quel nobile e fiero figlio della Natura per i piedi, che aveva grandi e unghiuti e possenti, da predatore notturno, e come fosse un pollo qualsiasi da portare al mercato se lo portò via. Mentre veniva così trascinato penzoloni, a testa in giù, sentii in me tutta l'umiliazione cui era stato sottoposto e pensai ai suoi grandi occhi splendenti, aperti sul mondo assurdo dove chissà perché era precipitato.

(Tratto e adattato da: Raffaele La Capria, *Corriere della Sera*, 30 novembre 2011)

[1] ascosi: nascosti.

B1. **L'autore fa riferimento a due episodi durante i quali ha visto un gufo, sempre di sera. Nel primo episodio (righe 2-8) la vista del gufo suscita nell'autore**

	Vero	Falso
a) sensazione di spavento	☐	☐
b) senso del mistero	☐	☐
c) ammirazione	☐	☐
d) meraviglia	☐	☐
e) presentimento di sventura	☐	☐

B2. **Nel testo c'è una forte opposizione tra la condizione del gufo descritta nel primo episodio e quella descritta nel secondo. Esprimi brevemente con due distinte parole o frasi le opposte condizioni del gufo nei due episodi.**

Primo episodio:

....

....

....

Secondo episodio:

....

....

....

B3. **L'autore afferma che il gufo "merita veramente il suo nome": a quale nome si riferisce?**

....

B4. **Nelle due esclamazioni di riga 1 e di riga 23 l'autore usa l'aggettivo "misterioso" per definire il mondo degli uccelli notturni e lo sguardo del gufo. Che cosa vuole sottolineare l'autore con questo aggettivo?**

A. ☐ Il fascino dell'inconoscibile

B. ☐ La segretezza della vita degli animali notturni

C. ☐ L'incanto che suscita l'oscurità della notte

D. ☐ L'estraneità della natura selvaggia

B5. A quale termine si riferiscono i due *-lo* di "asservir*lo*" e "render*lo* innocuo" (riga 14)?

....

B6. Alla riga 15 il gufo è visto dall'autore come un "idolo". Qual è il significato letterale della parola "idolo"?

A. ☐ Animale mitologico

B. ☐ Oggetto o immagine considerati divini

C. ☐ Venerabile saggio

D. ☐ Creatura capace di gesti eccezionali

B7. "lui [il gufo] era stato gettato in quello studio televisivo" (righe 26-27). Con quale intendimento l'autore ha usato qui il verbo "gettare"?

A. ☐ Sottolineare la violenza che il gufo ha dovuto subire in un luogo e in una situazione a lui estranei

B. ☐ Mettere in evidenza l'indifferenza dei presentatori per la presenza fuori luogo di un gufo in uno studio televisivo

C. ☐ Far capire che prima di entrare nello studio televisivo il gufo aveva provato a ribellarsi e quindi vi era stato portato a forza

D. ☐ Mostrare insofferenza per l'eccessiva presenza di animali nelle trasmissioni televisive

---

B8. L'immagine del gufo gettato nello studio televisivo spinge l'autore a riflettere e, per analogia, a pensare alla sorte di

....

....

B9. Il tono del testo diventa via via sempre più

A. ☐ aggressivo

B. ☐ ironico

C. ☐ amaro

D. ☐ rassegnato

B10. Con le due espressioni "senza un perché" (riga 26) e "chissà perché" (riga 40) l'autore sottolinea e richiama

A. ☐ l'irrazionalità e la gratuità del destino di tutti gli esseri viventi

B. ☐ l'incomprensibilità del mondo vuoto anche se luccicante della televisione

C. ☐ lo sviluppo senza senso della storia degli uomini contrapposto alle leggi della Natura

D. ☐ la strana e irreale avventura capitata a un bellissimo animale

PARTE PRIMA - TESTO C

Parabola

di Vincenzo Cardarelli

Anni di giovinezza grandi e pieni!
Mattini lenti, faticoso ascendere
di gioventù che avanza
come il carro del sole
sulla via del meriggio.
A colpi di frusta,
con grida eccitanti,
noi la sproniamo a passare.
Ed illusioni, errori,
non sono allora che stimoli al tempo
e una maniera d'ingannar l'attesa.
Giunti che siamo al sommo, vòlti all'ombra,
gli anni van giù rovinosi in pendio.
Né il numerarli ha ormai nessun valore
in sì veloce moto.

(Tratto da: Giovanni Raboni, *Poesia italiana contemporanea*, Firenze, Sansoni Editore, 1981)

C1. Il poeta riflette sulla contraddizione che ognuno, nel corso della vita, vive e sperimenta. I due termini della contraddizione sono ben evidenti nella poesia, chiaramente divisa in due parti. Dove cominciano e dove finiscono le due parti?

A. ☐ La prima va dal verso 1 al verso 11; la seconda dal verso 12 al verso 15

B. ☐ La prima va dal verso 1 al verso 8; la seconda dal verso 9 al verso 15

C. ☐ La prima va dal verso 1 al verso 5; la seconda dal verso 6 al verso 15

D. ☐ La prima va dal verso 1 al verso 13; la seconda dal verso 14 al verso 15

C2. Secondo un mito classico il sole (il dio Febo) saliva col suo carro fino al punto più alto del cielo, cioè fino all'ora del mezzogiorno (meriggio). L'immagine metaforica "sulla via del meriggio" (verso 5) sta a indicare il percorso dei giovani verso

A. ☐ gli anni più belli della giovinezza

B. ☐ la ricerca della felicità

C. ☐ il tempo della vecchiaia

D. ☐ la pienezza della vita

C3. Il "la" del verso 8 a che cosa rimanda?

A. ☐ Alla gioventù

B. ☐ Alla via del meriggio

C. ☐ Alla frusta

D. ☐ Alla parabola

C4. "Parabola", che fa da titolo alla poesia, è una parola polisemica, ha cioè diversi significati. Qui il termine è usato per indicare

A. ☐ un racconto breve - qui tradotto in poesia - che trae dalla vita o dalla natura un insegnamento morale e anche religioso

B. ☐ la traiettoria descritta da un corpo in movimento, con andamento iniziale in ascesa; tale linea, raggiunto il culmine, si volge decisamente in discesa

C. ☐ un'antenna, per dire con una metafora che ciascuno di noi riceve dalla vita segnali che annunciano prima la maturità e poi la vecchiaia

D. ☐ la linea ideale che sale e che, raggiunto il punto più alto, scende rapidamente; rappresenta il nostro sentire e vivere la vita

---

C5. Qual è il senso dei versi 6-8?

A. ☐ Quando si è giovani ognuno freme e vuole realizzare i propri sogni e i propri progetti

B. ☐ Da giovani si vuole che il tempo passi in fretta, e così lo si incalza con impazienza

C. ☐ La giovinezza passa veloce come il carro lucente del sole nel cielo

D. ☐ I giovani sono sempre impazienti e vorrebbero fare tutto subito perché temono il tempo che passa

---

C6. L'*enjambement* (o inarcatura) è un accorgimento retorico - proprio della poesia - che consiste nel completamento del senso di una frase o di una espressione nel verso successivo. Nella poesia ad esempio è presente

A. ☐ tra i versi 2 e 3

B. ☐ tra i versi 5 e 6

C. ☐ tra i versi 8 e 9

D. ☐ tra i versi 13 e 14

C7. Qual è tra le seguenti la riscrittura dei versi 9-11 che meglio ne mantiene il senso?

A. ☐ Quando si è giovani si sogna con troppa facilità. Così, quando arriva la vecchiaia, ci si accorge di avere tanto atteso e di aver atteso invano

B. ☐ In gioventù si sbaglia spinti anche dalle illusioni che tali non sembrano. Il tempo non passa mai e le attese si fanno interminabili, ma i sogni sono a portata di mano

C. ☐ Quando si è giovani si commettono errori e facilmente si cede alle illusioni. Eppure gli errori e le facili illusioni abbreviano il tempo e alleviano l'attesa

D. ☐ In gioventù tutti sbagliano eppure il tempo ci aiuta illudendoci. Intanto gli anni passano lenti e i sogni non si realizzano nonostante i nostri sforzi

---

C8. Al verso 12 "vòlti" significa

A. ☐ con il volto che guarda in avanti

B. ☐ col pensiero volto all'indietro

C. ☐ con gli occhi fissi su

D. ☐ con lo sguardo rivolto verso

C9. L' "ombra" al verso 12 è una metafora che sta per

....

C10. Quale delle seguenti frasi è una parafrasi degli ultimi due versi: "Né il numerarli ha ormai nessun valore / in sì veloce moto."?

A. ☐ Gli anni della vecchiaia che non contano più precipitano velocemente verso le tenebre

B. ☐ Contare gli anni in vecchiaia, quando precipitano veloci, e provare a ricordarli uno per uno è un'impresa senza senso

C. ☐ Gli anni veloci della vecchiaia ci impediscono di essere lucidi e presenti a noi stessi e non ci permettono di contarli

D. ☐ Contare uno per uno gli ultimi anni della nostra vita che corrono precipitosi è l'ultima illusione che ci resta

PARTE PRIMA - TESTO D

Questa intervista, fatta da Alessandra Bruscagli a Roberto Denti, è stata pubblicata nel 2005 nella rivista di letteratura per ragazzi *LiBeR 66*, all'interno del dossier "Raccontare la Resistenza". Denti, giovanissimo partigiano nel 1944, è stato un grande autore di libri per ragazzi, spesso dedicati ai diritti democratici, e ha fondato e diretto la "Libreria dei ragazzi" di Milano, che ha svolto e svolge un'intensa opera di promozione della lettura e delle competenze civiche.

Intervista a Roberto Denti

Domanda. *Durante gli anni della seconda guerra mondiale hai partecipato attivamente alla Resistenza come partigiano, in carcere nel 1944. La tua è stata una scelta, che sappiamo ha segnato profondamente la tua vita, ma che è maturata in momenti caratterizzati da vicende e da un'atmosfera complessiva della quale oggi è difficile rendersi conto. Ce ne puoi parlare?*

Risposta. Quando, l'8 settembre 1943, il governo Italiano (Presidente del Consiglio il generale Badoglio, che aveva preso il posto di Mussolini dopo il 25 luglio dello stesso anno) fuggì da Roma per rifugiarsi a Brindisi dove già era arrivato l'esercito angloamericano e si costituì a Salò la Repubblica Sociale Fascista sostenuta dai tedeschi[1], la decisione politica divenne indispensabile.
La scelta era di tipo assoluto, senza possibilità di ripensamenti: o con i fascisti o contro di loro. Sono molti gli elementi che hanno trasformato l'Italia dall'adesione incondizionata al fascismo a una situazione di avversione e di lotta. Io credo che, oltre la convinzione della sconfitta, sia stata determinante la fame. Mamme e nonni (gli uomini validi erano al fronte o – dopo l'8 settembre del 1943 – a lavorare in Germania pur di sopravvivere) che non erano in grado di soddisfare l'appetito dei bambini e dei ragazzi divennero nemici di un Governo incapace di far fronte alle esigenze primarie della popolazione. Io ero di famiglia e ambiente borghese: per merito dei miei compagni di cella (nel 1944) e di alcuni compagni partigiani imparai – senza ancora averlo letto sui libri – che la fame è la base concreta della lotta politica.

D. *Ti risulta che, come scrivi in* Ancora un giorno *(Mondadori, 2001), ci siano state situazioni in cui ragazze e ragazzi in bande, quasi come in un gioco, hanno realmente aiutato i partigiani o gli oppositori del regime fascista?*

R. La guerra non è un gioco. I ragazzi e le ragazze che nelle città hanno partecipato alla Resistenza lo hanno fatto con spirito diverso da quello degli adulti, cercando però di imitarli. I giochi di tutti i bambini del mondo sono imitazione della vita dei "grandi". Durante il periodo della Resistenza i ragazzi venivano utilizzati per trasmettere messaggi all'interno delle città (le staffette partigiane, in cui predominavano le donne, utilizzavano adolescenti di almeno 15-16 anni), per bucare le gomme dei camion e delle auto utilizzate da fascisti e tedeschi, per controllare il colore delle mostrine dei soldati che serviva a capire se si stavano verificando movimenti di truppe e verso quali obiettivi.

[1] La data dell'8 settembre 1943 è una delle più tragiche della seconda guerra mondiale: la fuga del re, del governo, degli alti gradi militari, insomma dei rappresentanti delle istituzioni, in un'Italia tagliata in due tra la "liberazione" degli alleati anglo-americani al Sud e la pesantissima occupazione tedesca del Centro e del Nord, lasciò completamente sbandati sia i soldati dell'esercito italiano, che non avevano più a chi fare riferimento, sia i civili. Molti di questi sbandati, militari e civili, raggiunsero le brigate partigiane della Resistenza armata contro i nazifascisti.

D. *La letteratura per ragazzi ancora oggi – pur in mezzo a tante proposte "d'evasione" – presenta storie di "Resistenza civile" che coinvolgono bambini e ragazzi alle prese con guerre, regimi autoritari, soprusi. Possiamo parlare di un filo rosso che attraversa questa produzione letteraria e le conferisce una funzione sociale orientata alla difesa e all'affermazione dei diritti?*

R. La seconda guerra mondiale ha coinvolto drammaticamente la popolazione civile. Nelle guerre precedenti i civili erano sempre stati vittime del passaggio degli eserciti, vincitori o sconfitti. Dal 1939 al 1945 nei paesi e nelle città le famiglie, anche lontane dal fronte, sono state vittime di bombardamenti e della ferocia dei tedeschi che occupavano i territori europei. Da allora ogni guerra è stata la guerra di tutti, nelle linee di combattimento o all'interno dei paesi in cui si sono verificati conflitti. È quindi ovvio che nei libri di narrativa per ragazzi si trovi un filo che congiunge il passato e il presente, dalle stragi naziste (nei campi di sterminio o in tutta Europa) e dalla guerra partigiana a ciò che avviene in Palestina, in Iraq o in Pakistan. Il lavoro minorile, la fame del terzo mondo, i bambini delle favelas[2] venduti nel Sud America non sono definite "guerre" ma ugualmente provocano morte come o peggio dei conflitti armati. Il filo rosso c'è perché, purtroppo, continuano vicende drammatiche e tragiche di cui ci si occupa troppo poco. Perché turbare la beata indifferenza dei bambini europei, abituati al dolciastro mondo disneyano e alle indispensabili merendine, con notizie che riguardano bambini che muoiono per mancanza di cibo e di medicinali?

(Tratto e adattato da: Alessandra Bruscagli, *LiBeR 66*, 2005)

[2] favelas: estese periferie costituite da poverissime baracche, che circondano molte città sud-americane, soprattutto brasiliane.

D1. **Alle righe 8-9 si dice: "la decisione politica divenne indispensabile". Di quale decisione si tratta?**

....

D2. **Roberto Denti afferma che la fame ebbe un ruolo determinante nella sconfitta del fascismo; infatti**

A. ☐ i cittadini che non partecipavano direttamente alla guerra dovevano comunque arrangiarsi per sopravvivere

B. ☐ la popolazione civile aveva smesso di appoggiare il governo fascista incapace di far fronte ai bisogni primari della gente

C. ☐ nella lotta politica il governo fascista si serviva della fame per indebolire gli oppositori e i resistenti

D. ☐ per sfamare i bambini e i ragazzi, la popolazione era disposta ad andare a lavorare in Germania

D3. **L'intervistatrice definisce la partecipazione dei ragazzi alla lotta partigiana in un modo che l'intervistato non condivide. Trascrivi la frase in cui Roberto Denti esprime il proprio dissenso.**

....

D4. **Per quale ragione la Resistenza chiedeva ai ragazzi-staffetta di controllare il colore delle mostrine dei soldati?**

....

....

D5. **Individua nel testo dell'ultima domanda (righe 31-35) tre parole-chiave, centrali in tutta l'intervista a Roberto Denti.**

1. ....

2. ....

3. ....

D6. Nelle risposte di Roberto Denti alle domande, ciò che si dice nelle parentesi

A. ☐ spiega un concetto non chiaro

B. ☐ integra un'informazione

C. ☐ ha funzione esortativa

D. ☐ corregge un'imprecisione

D7. La domanda finale dell'intervista e la relativa risposta mirano soprattutto a

A. ☐ raccontare le tragedie che coinvolgono i ragazzi nei conflitti del passato e del presente

B. ☐ sottolineare la funzione della letteratura per ragazzi nell'educazione alla difesa dei diritti

C. ☐ sostenere che il ruolo dei ragazzi nella Resistenza è stato fondamentale

D. ☐ esprimere rammarico e pessimismo davanti al ripetersi delle guerre

---

D8. L'espressione "filo rosso" nel contesto in cui è usata nel testo (riga 33 e 46) significa:

A. ☐ tema ricorrente

B. ☐ legame necessario

C. ☐ vincolo stringente

D. ☐ confine insuperabile

D9. Secondo Roberto Denti, come è possibile smuovere "la beata indifferenza dei bambini europei" nei confronti della sofferenza dei loro coetanei nel mondo?

A. ☐ Insegnando ai ragazzi la storia della Resistenza

B. ☐ Intervistando i testimoni delle violazioni di diritti civili

C. ☐ Con la diffusione di libri di contenuto civile per ragazzi

D. ☐ Con documentari televisivi di argomento storico

PARTE SECONDA

Riflessione sulla lingua

E1. Completa correttamente le parole nelle seguenti frasi.

a) Non ho mai dato ai camerieri delle man........... superiori ai cinque euro.

b) L'inge...........ere si recò al cantiere per il collaudo.

c) Farsi giustizia da soli è ille.........ittimo.

d) Aver rischiato tanto è stata una vera incosc.........nza.

E2. Nella frase "È un secolo che non ti vedo!" è presente una figura retorica. Indica quale.

A. ☐ Una metafora

B. ☐ Una similitudine

C. ☐ Una iperbole

D. ☐ Una metonimia

E3. Nei periodi che seguono il *se* introduce o una frase ipotetica o una frase interrogativa indiretta. Indica la funzione sintattica del *se* in ciascun periodo.

Metti una crocetta per ogni riga.

		***Se* introduce una frase ipotetica**	***Se* introduce una frase interrogativa indiretta**
a)	Non mi hanno ancora detto se vengono a cena	☐	☐
b)	Se mi chiedessero la strada per il Duomo non saprei rispondere	☐	☐
c)	Vogliono partire oggi, ma se non si sbrigano...	☐	☐
d)	Volevo sapere se avesse fame o sete, ma non capivo la sua lingua	☐	☐
e)	Possiamo parlare con calma se vieni a casa mia verso le otto	☐	☐
f)	Gli chiese se per caso avesse sentito suonare il campanello	☐	☐

E4. **Leggi la frase che segue:**

"L'antennista ha controllato i collegamenti dell'antenna con il suo decoder portatile."

In questa frase *antennista* è un nome di genere maschile o femminile?

A. ☐ È sicuramente maschile, perché *controllato* è di genere maschile

B. ☐ È sicuramente femminile, perché la parola *antennista* termina in *-a*

C. ☐ È sicuramente femminile perché la parola di base *antenna* è di genere femminile

D. ☐ Non si può sapere, perché *L'* può riferirsi sia a un nome maschile sia a un nome femminile

---

E5. **Per ciascuna delle seguenti definizioni vengono date 4 parole. Scegli la parola corrispondente alla definizione.**

1. Deporre qualcuno da una carica

A. ☐ sostituire	B. ☐ destituire	C. ☐ deliberare	D. ☐ destabilizzare

2. Accennare velatamente a cose o persone

A. ☐ alludere	B. ☐ deludere	C. ☐ illudere	D. ☐ colludere

3. Nascondere qualcosa per fini illeciti

A. ☐ disperdere	B. ☐ simulare	C. ☐ sciogliere	D. ☐ occultare

E6. **In quale di queste frasi sono presenti tutti gli argomenti del verbo (cioè gli elementi obbligatoriamente richiesti dal verbo)?**

A. ☐ A tutti noi dissero con molta chiarezza

B. ☐ La signora prese dalla sua borsetta

C. ☐ Questo problema vi riguarda tutti

D. ☐ Molti dei partecipanti sono diventati

E7. Il suffisso *-ino* nelle parole sotto elencate ha tre funzioni diverse: 1) forma un diminutivo; 2) forma un nome di mestiere (agente); 3) forma un aggettivo. Indica per ciascuna parola quale funzione ha *-ino*.

Metti una crocetta per ogni riga.

Parole	**Forma un diminutivo**	**Forma un nome di mestiere**	**Forma un aggettivo**
a) arrotino	☐	☐	☐
b) bastoncino	☐	☐	☐
c) spazzino	☐	☐	☐
d) topolino	☐	☐	☐
e) mascolino	☐	☐	☐
f) marino	☐	☐	☐
g) bagnino	☐	☐	☐
h) settembrino	☐	☐	☐

E8. Identifica la frase nella quale il soggetto (sottolineato) è anche agente, e dunque 'compie l'azione' espressa dal verbo.

A. ☐ Al termine del colloquio Maria ha ricevuto i complimenti di tutta la commissione d'esame.

B. ☐ Finalmente mio fratello e io siamo entrati in possesso della nostra eredità.

C. ☐ Sulla linea del traguardo il ciclista è stato superato in volata dal più agguerrito dei concorrenti.

D. ☐ Dopo gli applausi entusiasti del pubblico il pianista concesse un ultimo bis.

E9. Quale delle seguenti frasi, tutte con il verbo al congiuntivo, esprime un dubbio?

A. ☐ E se lo volesse anche lui?

B. ☐ Buongiorno, si accomodi qui!

C. ☐ Magari trovassi un lavoro!

D. ☐ Faccia pure con comodo.

E10. Indica la funzione delle parole o espressioni sottolineate, mettendo una crocetta nella casella corrispondente.

Metti una crocetta per ogni riga.

		Aggettivo	Avverbio	Preposizione	Congiunzione
a)	Cerca di arrivare prima del suono della campanella.	☐	☐	☐	☐
b)	Cerca di arrivare prima che suoni la campanella.	☐	☐	☐	☐
c)	Sei sempre in ritardo: cerca di arrivare prima!	☐	☐	☐	☐
d)	Brava! Sei arrivata prima nella gara di verbi!	☐	☐	☐	☐
e)	Si scoraggia alla prima difficoltà.	☐	☐	☐	☐
f)	Sono arrivata prima di lui.	☐	☐	☐	☐

PARTE TERZA

Completa il testo che segue, inserendo negli spazi vuoti le parole adatte (<u>una sola per ogni spazio</u>). Le parole devono essere appropriate dal punto di vista lessicale e sintattico ed essere coerenti con il significato complessivo del testo. Come esempio, è già stato riempito il primo spazio.

PRIMA DI INCOMINCIARE, LEGGI TUTTO IL TESTO.

Tra navi e locomotive ricordando Leonardo

Museo della Scienza e della Tecnica - Milano

DEI MUSEI MILANESI è per numero di visitatori quello con maggior successo di pubblico. È vero che non poco contribuiscono le scolaresche agli oltre 400.000 suoi __visitatori__(es). Ed è un labirinto per ogni tipo di curiosità scientifica, a iniziare dalla ricostruzione delle macchine di Leonardo Da Vinci, ……………………………(1) attraverso la bottega dell'orologiaio e giungendo alla ……………………………(2) moderna, con alcune autentiche meraviglie che meritano l'……………………………(3) anche dell'inesperto. Le locomotive a vapore sono commoventi, ……………………………(4) ancor di più i pezzi interi di navi smontate, ……………………………(5) consentono ai milanesi di sentirsi più vicini al ……………………………(6). Di recente è approdato lì anche il sommergibile *Toti*, tecnicamente un vero e ……………………………(7) sottomarino. Forze di mare e forze d'……………………………(8), dove la collezione di aeromobili ……………………………(9) e bellici è altrettanto stimolante. È un percorso ……………………………(10) il sapere, la tecnica e la tecnologia fino ai ……………………………(11) nostri. Fu fortemente voluto da Guido Ucelli, ingegnere industriale con passione per le …………………………… (12) archeologiche, che lo portarono a ritrovare le navi romane ……………………………(13) nel lago di Nemi. Gli edifici, che erano stati bombardati durante la guerra, ebbero così la fortuna di una ricostruzione e di un restauro che recuperò gran parte del chiostro degli Olivetani, nonché la bella facciata della chiesa di San Vittore, progettata dallo stesso Alessi al quale si deve palazzo Marino.

(Tratto e adattato da: Philippe Daverio, *La buona strada, 127 passeggiate d'autore a Milano, in Lombardia e dintorni,* Milano, RCS Libri S.p.A., 2015)

Appunti